Klasse 5/6

Birgit Brandenburg

Wochenplan Fabeln

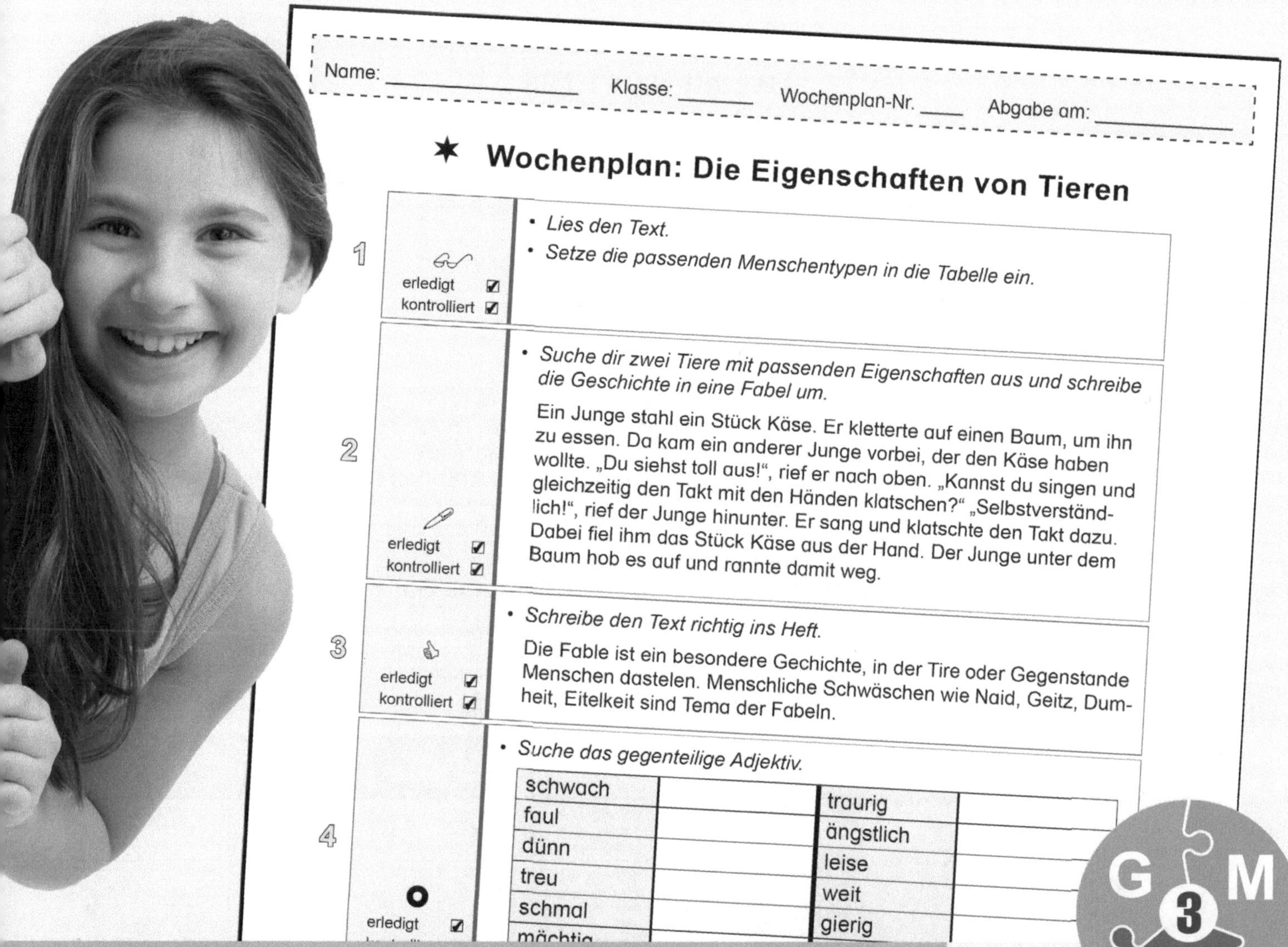

Name: ______ Klasse: ______ Wochenplan-Nr. ____ Abgabe am: ______

✶ Wochenplan: Die Eigenschaften von Tieren

1	erledigt ☑ kontrolliert ☑	• *Lies den Text.* • *Setze die passenden Menschentypen in die Tabelle ein.*
2	erledigt ☑ kontrolliert ☑	• *Suche dir zwei Tiere mit passenden Eigenschaften aus und schreibe die Geschichte in eine Fabel um.* Ein Junge stahl ein Stück Käse. Er kletterte auf einen Baum, um ihn zu essen. Da kam ein anderer Junge vorbei, der den Käse haben wollte. „Du siehst toll aus!", rief er nach oben. „Kannst du singen und gleichzeitig den Takt mit den Händen klatschen?" „Selbstverständlich!", rief der Junge hinunter. Er sang und klatschte den Takt dazu. Dabei fiel ihm das Stück Käse aus der Hand. Der Junge unter dem Baum hob es auf und rannte damit weg.
3	erledigt ☑ kontrolliert ☑	• *Schreibe den Text richtig ins Heft.* Die Fable ist ein besondere Gechichte, in der Tire oder Gegenstande Menschen dastelen. Menschliche Schwäschen wie Naid, Geitz, Dummheit, Eitelkeit sind Tema der Fabeln.
4	erledigt ☑	• *Suche das gegenteilige Adjektiv.*

schwach		traurig	
faul		ängstlich	
dünn		leise	
treu		weit	
schmal		gierig	
mächtig			

G M 3 E

- **Jede Woche in fünf Einheiten auf einem Bogen**
- **Freiarbeit & Häusliches Üben**

Wochenplan Fabeln

Klasse 5/6

11. Auflage 2025

Inhalt: Birgit Brandenburg
Umschlagbilder: © Noam & volondoff - AdobeStock.com
Redaktion: Kohl-Verlag
Grafik & Satz: Kohl-Verlag
Druck: Elanders Druck, Waiblingen

Bestell-Nr. 11 792

ISBN: 978-3-95686-630-2

Bildquellen:

Seite 8: @ funway5400 - fotolia.com; Seite 12/13/49: @ ljubinkaf - fotolia.com; Seite 16: @ Chastity, tonyjyothis & Roman Dekan - fotolia.com; Seite 19/52: @ nem4 - fotolia.com; Seite 20/40: @fir4ik - fotolia.com; Seite 28: @ fantonix - fotolia.com; Seite 32: @ Marija Piliponyte - fotolia.com; Seite 36: @ julien tromeur - fotolia.com; Seite 40: @ Colin Cramm - fotolia.com; Seite 44: @ Yael Weiss; janista, ayutaka & antimartina - fotolia.com

Kontakt: Kohl-Verlag, An der Brennerei 37-45, 50170 Kerpen
Tel: +49 2275 331610, Mail: info@kohlverlag.de

Inhalt

Vorwort

Die Behandlung von Fabeln in Klasse 5 und 6 dient der Vorbereitung zum Verständnis gleichnishafter Texte. Ausgesucht wurden einfach strukturierte Fabeln. Dadurch sollen die Schülerinnen und Schüler mit wesentlichen Elementen dieser Textsorte vertraut gemacht werden.

Das Konzept

Innerhalb eines Themas gibt es drei Schwierigkeitsstufen zur Differenzierung.

⊙ = grundlegendes Niveau

! = mittleres Niveau

✶ = erweitertes Niveau

Die Aufgaben zum grundlegenden Niveau können von allen Schülern bearbeitet werden. Aufgaben mit mittlerem Niveau bieten Erweiterungen und höhere Anforderungen als das grundlegende Niveau. Die Aufgaben des erweiterten Niveaus sind sogenannte Expertenaufgaben und enthalten vertiefende oder weiterführende Inhalte.

Die Bearbeitung der Niveaustufen kann durchlässig gestaltet werden. Schüler einer niedrigeren Stufe können sich an der nächsthöheren versuchen auch dann, wenn nicht alle Aufgaben gelöst werden können.

Die Aufgaben einer jeden Niveaustufe decken die Bereiche Lesen, Leseverständnis, freies Schreiben, Rechtschreibung und Grammatik ab. Die Textseite mit der Fabel enthält zusätzlich leichte Aufgaben, die von allen Schülern bewältigt werden können.

Viel Spaß und viel Erfolg in fabelhaften Unterrichtsstunden wünschen Ihnen der Kohl-Verlag und

Birgit Brandenburg

Übungsinhalte

Wochenplan Nr.	Seite	Niveau	Lesen / Leseverständnis	Schreiben	Rechtschreibung	Grammatik
1	**8**	**Was ist eine Fabel?**				
	9 (48)	⊙	1. Text lesen & Sätze ankreuzen	2. Fragen beantworten 5. Ende einer Fabel	4. Wörter ordnen	3. Nomen im Text finden
	10 (48)	!	1. Text lesen & Sätze ankreuzen	2. Fragen beantworten 5. Fabelteile ordnen	4. Wörter ordnen	3. Verben ins Präteritum
	11 (49)	✶	1. Text lesen & Sätze ankreuzen	2. Akrostichon 5. Fabel schreiben	4. ähnlich klingende Wörter im Lückentext	3. Nomen, Verben, Adjektive
2	**12**	**Der Fuchs und der Storch**				
	13 (49)	⊙	1. Text lesen, Fragen beantworten 2. Lehre der Fabel erkennen	1. Lückentext 5. Sprechblasen füllen	3. Wörter richtig stellen	4. Steigerung von Adjektiven
	14 (50)	!	1. Text lesen, Fragen beantworten 2. Lehre der Fabel erkennen	1. Lückentext 5. Eigenschaften finden	3. Wörter mit -ig, -lich, -isch	4. Steigerung von Adjektiven, Eigenschaften finden
	15 (50)	✶	1. Text lesen, Fragen beantworten 2. Lehre der Fabel erkennen	1. Lückentext 5. Fabel aus neuer Sichtweise schreiben	3. Satz aus Suchsel suchen	4. Nomen zu Adjektiven suchen
3	**16**	**Die Eigenschaften der Tiere**				
	17 (51)	⊙	1. Text lesen, Text ergänzen	2. Sätze zu Adjektiven, 5. Adjektive ergänzen	3. Wörter mit ü, ö, ä	4. gegenteilige Adjektive
	18 (51)	!	1. Text lesen, Text ergänzen	2. Sätze zu Adjektiven	3. Fehler berichtigen, 5. Silbenrätsel	4. Adjektiv + Nomen = neues Nomen
	19 (52)	✶	1. Text lesen, Text ergänzen	2. Fabel schreiben 5. Überschriften suchen	3. Fehler im Text berichtigen	4. gegenteilige Adjektive

Übungsinhalte

Wochen-plan Nr.	Seite	Niveau	Lesen / Leseverständnis	Schreiben	Rechtschreibung	Grammatik
4	**20**	**Der aufgeblasene Frosch**				
	21 (52)	⊙	1. Textteile sortieren 2. Sätze ankreuzen	5. Fragen beantworten	3. Groß- und Kleinschreibung	4. Stilübung: Wortfeld „sagen“
	22 (53)	!	1. Textteile sortieren 2. Sätze ankreuzen	2. Elfchen 5. Schlagzeilen schreiben	3. Wörter mit f und ph	4. Satzteile: Das Subjekt
	23 (53)	✶	1. Textteile sortieren	2. Fabel zusammenfassen 5. Denotationen und Konnotationen	3. Trennen von Wörtern	4. Kommasetzen bei Aufzählungen
5	**24**	**Der Löwe und der Bär**				
	25 (54)	⊙	1. Bilderfolge ansehen, Fabel lesen 2. Lehre der Fabel	–	3. Fehlerhafte Sätze richtig schreiben	4. Stilübung: Wortfeld „wütend“ 5. Fabel korrekt abschreiben
	26 (54)	!	1. Bilderfolge ansehen	2. Fabel schreiben 5. Haiku schreiben	–	3. Verben ins Präteritum setzen 4. Satzteile: Das Prädikat
	27 (55)	✶	1. Bilderfolge ansehen	2. Fabel schreiben 5. Fabel umschreiben	3. dass oder das einsetzen	4. Zeichensetzung bei vier Satzarten
6	**28**	**Der Fuchs und die Trauben**				
	29 (55)	⊙	1. Fabel lesen und Fragen beantworten	2. Gründe finden 5. Mittelteil der Fabel schreiben	3. Einsetzen von ihn/in und ihm/im	4. Relativsatz
	30 (56)	!	1. Fabel lesen und Fragen beantworten	2. Begründung finden und Meinung sortieren 5. Anfang/Mittelteil schreiben	3. Einsetzen von den oder denn	4. Stilübung: Wortfeld „gehen“
	31 (56)	✶	1. Fabel lesen und Fragen beantworten 2. Ankreuzaufgabe	5. Fabel nacherzählen	3. Passende Satzzeichen	4. Fallfehler berichtigen

Übungsinhalte

Wochenplan Nr.	Seite	Niveau	Lesen / Leseverständnis	Schreiben	Rechtschreibung	Grammatik
7	32	**Der Esel und die Ziege**				
	33 (57)	⊙	1. Fabel lesen, Quiz beantworten	2. Überschriften finden 5. Wörterrätsel	3. kurze/lange Vokale	4. Satzglieder sortieren
	34 (57)	!	1. Fabel lesen, Quiz beantworten	2. Fragen beantworten 5. Wörterrätsel	3. Großschreibung von Verben	4. Präpositionen einsetzen
	35 (58)	✶	1. Fabel lesen, Quiz beantworten	2. Moral der Fabel 5. Silbenrätsel	3. Endungen -ung, -heit, -keit	4. zusammengesetzte Nomen
8	36	**Streitereien unter Körperteilen**				
	37 (58)	⊙	1. Texte lesen, Aufgabe lösen	2. Lehren finden 5. Fragen beantworten	3. Lücken füllen	4. Paare finden
	38 (59)	!	1. Texte lesen, Aufgabe lösen	2. Lehren finden 5. Fragen beantworten	3. Reimwörter finden	4. Wortfamilie „Körper“
	39 (59)	✶	1. Texte lesen, Aufgabe lösen	2. Lehren finden 5. Augen, Mund und Hände zuordnen	3. Rechtschreibung nach Doppelpunkt	4. Dativ und Akkusativ
9	40	**Der Hase und die Frösche**				
	41 (60)	⊙	1. Lückentext füllen, Fabel lesen	2. Meinung schreiben 5. Akrostichon	3. Wörter mit Doppelkonsonanten	4. Deklination der vier Fälle
	42 (60)	!	1. Lückentext füllen, Fabel lesen	2. Meinung schreiben 5. Limerick schreiben	3. Satz aus dem Text herausfiltern	4. Verben in vier Zeiten setzen
	43 (61)	✶	1. Lückentext füllen, Fabel lesen	2. Wegwerfgeschichte 5. Wörterspiel	3. Großschreibung von Verben	4. Konjunktionen
10	44	**Wettstreit zwischen Sonne und Wind**				
	45 (61)	⊙	1. Text lesen, Text zu Bildern schreiben	2. Elfchen schreiben 5. Stilblüten	3. Endungen machen Wörter zu Nomen	4. als oder wie bei Vergleichen
	46 (62)	!	1. Text lesen, Text zu Bildern schreiben	2. Rätsel lösen 5. Haiku schreiben	3. wahr oder war einsetzen	4. Genitiv bilden
	47 (62)	✶	1. Text lesen, Text zu Bildern schreiben	2. eigene Meinung 3. Reimschema bestimmen	4. Text entzerren	5. ähnliche Begriffe unterscheiden

Was ist eine Fabel?

Die **Fabel** ist eine meist **kürzere** und **besondere Geschichte**, in der Tiere oder Gegenstände, die Menschen darstellen, auch wie Menschen sprechen und handeln.

Die **Fabel** gibt es seit etwa **3000 Jahren**. Die wichtigsten **Fabeldichter** waren Äsop, Gottfried Ephraim Lessing, Martin Luther und Jean de La Fontaine.

Meistens kommen nur **zwei** Tiere in einer Fabel vor. Die **gleichen Tiere** haben immer die **gleichen Eigenschaften**: Der Fuchs ist schlau, der Löwe ist stark.

Fabeln haben mit dem **wirklichen Leben** der Menschen zu tun. **Menschliche Schwächen** wie Neid, Geiz, Dummheit, Eitelkeit sind Thema der Fabeln. Da kein Mensch gerne die **Wahrheit über seine Schwächen** von einem anderen Menschen hört, hat man sie in eine Fabel verpackt und sie von Tieren aufzeigen lassen.

In einer Fabel wird **keine genaue Zeit** und **kein genauer Ort** genannt. Es erfolgen keine weiteren Schilderungen. Der Text ist in der Vergangenheit geschrieben.

Eine Fabel besteht aus drei Teilen:

1. Ausgangssituation
2. Streit/Gespräch
3. Lösung

Am **Ende einer Fabel** steht oft, was die Menschen für ihr Verhalten oder ihre Eigenschaften aus der Fabel lernen können. Die **Lehre aus der Fabel** nennt man auch **Moral**.

Lies die Fabel als Beispiel für die drei Teile!

Ein Esel traf einen hungrigen Wolf. „Habe Mitleid mit mir“, sagte der Esel, „ich bin ein krankes Tier. Sieh nur, was für einen Dorn ich mir in den Fuß getreten habe!“

„Oh, ich bedauere dich“, sagte der Wolf, „und ich werde dich von diesen Schmerzen befreien.“

Kaum hatte der Wolf das gesagt, zerriss er den Esel.

Moral: Mitleid ist für den Mächtigen kein Grund, Gnade walten zu lassen.

KOHL VERLAG Lernen mit Erfolg WOCHENPLAN FABELN Klasse 5/6 – Bestell-Nr. 11 792

Name: ____________________ Klasse: ________ Wochenplan-Nr. ____ Abgabe am: ______________

Wochenplan: „Was ist eine Fabel?“

1	erledigt ☐ kontrolliert ☐	• *Lies die Textseite sorgfältig durch. Kreuze die richtigen Sätze an.* ☐ In der Fabel reden Tiere und Gegenstände. ☐ Tiere und Gegenstände stellen Menschen dar. ☐ Fabeln haben mit dem wirklichen Leben nichts zu tun. ☐ Die Fabel erzählt die Wahrheit über menschliche Schwächen.
2	erledigt ☐ kontrolliert ☐	• *Beantworte die Fragen. Schreibe in ganzen Sätzen ins Heft.* **a)** In welcher Zeitform ist eine Fabel geschrieben? **b)** Aus welchen Teilen besteht eine Fabel? **c)** Was steht am Ende einer Fabel? **d)** Wen stellen die sprechenden Tiere und Gegenstände dar?
3	erledigt ☐ kontrolliert ☐	• *Finde 10 verschiedene Nomen (Namenwörter) in der Fabel „Der Esel und der Wolf“.* ____________________ ____________________ ____________________ ____________________
4	erledigt ☐ kontrolliert ☐	• *Ordne die Wörter nach dem Alphabet.* **a)** Wolf, Fabel, Tier ____________ **b)** Moral, Esel, Lösung ____________ **c)** Mitleid, Leben, Mensch ____________ **d)** Eigenschaft, Neid, Geiz ____________
5	erledigt ☐ kontrolliert ☐	• *Schreibe ein Ende der Fabel.* **Der Hund und der Schatten** Ein Hund lief über einen Steg, der über einen Bach führte. Im Maul trug er ein Stück Fleisch, dessen Schatten im Wasser viel größer erschien. Vor Gier ____________________ ____________________ ____________________ ____________________

WOCHENPLAN FABELN
Klasse 5/6 – Bestell-Nr. 11 792
KOHL VERLAG

Name: ____________________ Klasse: ________ Wochenplan-Nr. ____ Abgabe am: ______________

! Wochenplan: „Was ist eine Fabel?“

1

- *Lies die Textseite sorgfältig durch. Kreuze die richtigen Sätze an.*

☐ Menschliche Schwächen sind kein Thema der Fabel.
☐ Die gleichen Tiere haben gleiche Eigenschaften.
☐ In einer Fabel werden immer Zeit und Ort genannt.
☐ Die Fabel ist eine besondere Geschichte.

erledigt ☐
kontrolliert ☐

2

- *Beantworte die Fragen. Schreibe in vollständigen Sätzen ins Heft.*

a) Was ist Thema einer jeden Fabel?
b) Was will ein Dichter mit einer Fabel verpacken?
c) Was fehlt in einer Fabel?
d) Wozu dient die Moral aus einer Fabel?
e) Seit wann gibt es Fabeln?

erledigt ☐
kontrolliert ☐

3

- *Setze die Verben (Tätigkeitswörter) in die einfache Vergangenheit.*

ich bedauere ⇨	ich ____________	ich zerreiße ⇨	ich ____________
ich sage ⇨	ich ____________	ich treffe ⇨	ich ____________
ich sehe ⇨	ich ____________	ich habe ⇨	ich ____________
ich gehe ⇨	ich ____________	ich fresse ⇨	ich ____________

erledigt ☐
kontrolliert ☐

4

- *Ordne die Wörter nach dem Alphabet.*

Wolf – Löwe – Mitleid – Fuß – Tier – Dorn – Fabel
Schmerzen – Gnade – Grund – Mächtiger – Moral

____

____

____

erledigt ☐
kontrolliert ☐

5

- *Schreibe die Teile der Fabel in der richtigen Reihenfolge ins Heft.*

Der Hund und der Schatten

Im Maul trug er ein Stück Fleisch, dessen Schatten im Wasser viel größer erschien.

Dabei fiel ihm das Stück Fleisch aus dem Maul und fiel ins Wasser. So wurde seine Gefräßigkeit bestraft.

Ein Hund lief über einen Steg, der über einen Bach führte. Vor Gier schnappte er nach dem größeren Stück im Bach.

erledigt ☐
kontrolliert ☐

WOCHENPLAN FABELN
Klasse 5/6 – Bestell-Nr. 11 792

Name: ____________________ Klasse: ________ Wochenplan-Nr. ____ Abgabe am: _______________

✶ Wochenplan: „Was ist eine Fabel?"

1

erledigt ☐
kontrolliert ☐

- *Lies die Textseite sorgfältig durch. Kreuze die richtigen Sätze an.*
  - ☐ Eine Fabel enthält keine Lehre für die Menschen.
  - ☐ Eine Fabel ist eine lange, umständliche Geschichte.
  - ☐ Die Fabel sollte die Wahrheit über Schwächen verpacken.
  - ☐ Die Fabel ist immer in der Gegenwart (Präsens) geschrieben.

2

erledigt ☐
kontrolliert ☐

- *Schreibe ein Akrostichon zu den Merkmalen einer Fabel.*

E ____________________
I n der Fabel stellen Tiere und Gegenstände Menschen dar.
G ____________________
E ____________________
N ____________________
S ____________________
C ____________________
H ____________________
A ____________________
F abeln verpacken die Wahrheit über menschliche Schwächen.
T ____________________
E ____________________
N ____________________

3

erledigt ☐
kontrolliert ☐

- *Nomen (N), Verb (V) oder Adjektiv (A)? Schreibe den passenden Buchstaben an das Wort.*

____ Mitleid ____ schlau ____ Schwäche ____ menschlich
____ Wahrheit ____ verpacken ____ Lehre ____ mächtig

4

erledigt ☐
kontrolliert ☐

- *Setze die passenden Wörter in den Unsinnsatz ein.*

fällt – Feld – bat – Bad – Rat – Rad

Die Fabel ist kein ________ an einen Menschen, der um ein ________ ________, weil er gerne mit dem ________ über das ________ fährt und dabei jedes Mal in den Dreck ________.

5

erledigt ☐
kontrolliert ☐

- *Schreibe eine Fabel aus den Satzteilen ins Heft.*

Der Hund und der Schatten
Hund über Steg – über Bach – im Maul Stück Fleisch
Schatten Fleisch im Wasser – viel größer – gierig schnappen
größeres Stück im Bach – Stück Fleisch – Maul – ins Wasser
Gefräßigkeit bestraft.

KOHL VERLAG
WOCHENPLAN FABELN
Klasse 5/6 – Bestell-Nr. 11 792

Der Fuchs und der Storch

Der Fuchs und der Storch waren früher ____________.

Eines Tages lud der ____________ Fuchs den Storch zum Essen ein. ____________ kam der Storch zum Fuchs, konnte aber den ____________ nicht fressen, weil er auf einen __________ Teller geschüttet war. Der ____________ Fuchs fraß sich ____________, während der Storch auf dem Teller __________ ____________ und nicht viel fressen konnte.

Der ____________ Storch bedankte sich für das Essen und lud den ___________ Gastgeber für den nächsten Tag zu sich ein.

Der ____________ Storch hatte eine ____________ Suppe gekocht und sie in einen ____________ Krug geschüttet. Der Fuchs blieb hungrig, weil er seine ____________ nicht in den Krug stecken konnte.

Jedoch der ____________ Storch konnte mit seinem ____________ Schnabel mühelos die Suppe auffressen.

____________ ging der hungrige Fuchs davon.

Seit damals sind Fuchs und Storch ____________ Freunde mehr.

Freunde – hungrig – ungastliche – heuchlerische – hinterhältige – keine – schlaue – Grießbrei – voll – rachsüchtige – hohen – schmalen – flachen – herum pickte – geizigen – schmackhafte – Schnauze – ärgerlich

Die Fabel hat eine Handlung und eine Gegenhandlung.
Welches Bild gehört zur Handlung und welches zur Gegenhandlung? Notiere.

____

____

____

____

____

____

____

WOCHENPLAN FABELN
Klasse 5/6 – Bestell-Nr. 11 792
KOHL VERLAG

Name: ______________ Klasse: ________ Wochenplan-Nr. ____ Abgabe am: ______________

Wochenplan: Der Fuchs und der Storch

1	erledigt ☐ kontrolliert ☐	• *Setze die passenden Wörter in den Lückentext ein.* • *Lies die Fabel noch einmal sorgfältig durch.* • *Beantworte die Frage unter der Fabel.*
2	erledigt ☐ kontrolliert ☐	• *Wie ist die Lehre der Fabel? Kreuze die 2 Möglichkeiten an.* ☐ Jeder muss selbst ertragen können, was er anderen antut. ☐ Dem Tapferen gehört die Welt. ☐ Was du nicht willst, das man dir tu, das füg auch keinem anderen zu.
3	erledigt ☐ kontrolliert ☐	• *Schreibe die Wörter aus der Fabel richtig.* resGireib: ______________ upSep: ______________ troShc: ______________ chuFs: ______________ ssenE: ______________ rellTe: ______________
4	erledigt ☐ kontrolliert ☐	• *Steigere die Adjektive.* schmal ______________ geizig ______________ flach ______________ voll ______________ dünn ______________ hungrig ______________
5	erledigt ☐ kontrolliert ☐	• *Was denkt der Fuchs? Was denkt der Storch? Notiere.*

WOCHENPLAN FABELN
Klasse 5/6 – Bestell-Nr. 11 792
KOHL VERLAG

Name: ____________ Klasse: ______ Wochenplan-Nr. ____ Abgabe am: ____________

! Wochenplan: Der Fuchs und der Storch

1	erledigt ☐ kontrolliert ☐	• *Setze die passenden Wörter in den Lückentext ein.* • *Lies die Fabel noch einmal sorgfältig durch.* • *Beantworte die Frage unter der Fabel.*
2	erledigt ☐ kontrolliert ☐	• *Wie ist die Lehre der Fabel? Kreuze die Möglichkeiten an.* ☐ Jeder muss selbst ertragen können, was er anderen antut. ☐ Lügen haben kurze Beine. ☐ Wie du mir, so ich dir. ☐ Wer geizig ist bleibt geizig. ☐ Was du nicht willst, das man dir tu, das füg auch keinem anderen zu.
3	erledigt ☐ kontrolliert ☐	• *Setze **-ig**, **-lich** oder **-isch** ein.* ungast_____ / rachsücht_____ / ärger_____ / heuchler_____ / hinterhält_____ / hungr_____ / ängst_____ / herr_____ / bedenk_____ / freund_____ / geiz_____ / sorgfält_____
4	erledigt ☐ kontrolliert ☐	• *Steigere die Adjektive.* ungastlich ____________ rachsüchtig ____________ ärgerlich ____________ heuchlerisch ____________ hinterhältig ____________ schmackhaft ____________
5	erledigt ☐ kontrolliert ☐	• *Schreibe passende Adjektive in die Felder.* Wie verhält sich der Fuchs? / Welches Verhalten haben sie gemeinsam? / Wie verhält sich der Storch?

WOCHENPLAN FABELN
Klasse 5/6 – Bestell-Nr. 11 792
KOHL VERLAG

Name: ____________ Klasse: ________ Wochenplan-Nr. _____ Abgabe am: ____________

✶ Wochenplan: Der Fuchs und der Storch

1

erledigt ☐
kontrolliert ☐

- *Setze die passenden Wörter in den Lückentext ein.*
- *Lies die Fabel noch einmal sorgfältig durch.*
- *Beantworte die Frage unter der Fabel.*

2

erledigt ☐
kontrolliert ☐

- *Wie ist die Lehre der Fabel? Setze die 3 Möglichkeiten richtig zusammen.*

a) Jeder muss selbst ertragen können, so ich dir.

____

b) Wie du mir, das füg auch keinem anderen zu.

____

c) Was du nicht willst, das man dir tu, was er anderen antut.

____

3

erledigt ☐
kontrolliert ☐

- *Suche den Satz aus der Fabel.*

ERBDFEHNEINESGRREDCHTTAGESKMOLUTZQXYLUDHTZETDEDERKJM
NGFDRTSCHLAUEKMJHBGFRDEFUCHSMNBGVFCDEJUHDENCGBSOÖA
STORCHSTGVREWZUMCBHSFTESSENLIEIN

4

erledigt ☐
kontrolliert ☐

- *Suche das passende Nomen zu jedem Adjektiv.*

ärgerlich		rachsüchtig	
gierig		hinterhältig	
flach		gastlich	
schlau		hoch	
listig		voll	

5

erledigt ☐
kontrolliert ☐

- *Schreibe die Fabel aus der Sicht des Storches.*

Der Fuchs und ich waren früher Freunde. Eines Tages lud er mich zum Essen ein. Hungrig kam ich zum Fuchs, konnte aber den Grießbrei nicht fressen, weil er ______________________

____

____

____

____

____

____

____

____

____

WOCHENPLAN FABELN
Klasse 5/6 – Bestell-Nr. 11 792

Die Eigenschaften von Tieren

Die Eigenschaften von Tieren in einer Fabel werden auf den Charakter eines Menschen übertragen. Durch die Nennung der Tiere in der Überschrift einer Fabel kann man schon die Eigenschaften der Tiere erraten.

Tier	Eigenschaften des Tieres in der Fabel	Welcher Menschentyp ist gemeint?
Bär	freundlich, gutmütig, einfältig	
Biber	arbeitsam	
Esel	faul, störrisch	
Fuchs	schlau, durchtrieben	
Gans	geschwätzig, eingebildet	
Hahn	hochmütig, eitel, stolz	
Hase	ängstlich, vorsichtig, vorlaut	
Huhn	einfach, bedächtig, dumm, eitel	
Hund	treu, freundlich, unbedacht	
Igel	schlau	
Katze	eigensinnig, starrsinnig	
Krähe	leichtgläubig, einfältig, frech	
Lamm	rechtlos, schwach, dumm, fromm	
Löwe	stolz, königlich, gewalttätig, mächtig	
Storch	hochmütig, stolz	
Wolf	räuberisch, lügt, gierig, rücksichtslos	
Ziege	unzufrieden, leichtgläubig, meckerig	

Lieber – Arbeiter – Faulpelz – Lügner – Schwätzer – Hochmütiger – Feigling – Dummer – Sympathiker – Cleverle – Unausstehlicher – Großmaul – Untertan – Herrscher – Gelehrter – Verbrecher – Sauertopf

KOHL VERLAG
WOCHENPLAN FABELN
Klasse 5/6 – Bestell-Nr. 11 792

Name: ____________ Klasse: ________ Wochenplan-Nr. ____ Abgabe am: ____________

Wochenplan: Die Eigenschaften von Tieren

1

erledigt ☐ kontrolliert ☐

- *Lies den Text.*
- *Setze die passenden Menschentypen in die Tabelle ein.*

2

erledigt ☐ kontrolliert ☐

- *Suche dir 5 Adjektive aus der Tabelle, die auf -ig enden. Schreibe mit jedem Adjektiv einen Satz.*

a) ____________________

b) ____________________

c) ____________________

d) ____________________

e) ____________________

3

erledigt ☐ kontrolliert ☐

- *Setze **ü**, **ö** oder **ä** in die Wörter ein.*

st__rrisch / __ngstlich / bed__chtig / r__cksichtslos / einf__ltig / k__niglich / gewaltt__tig / gutm__tig / hochm__tig / m__chtig / geschw__tzig

4

erledigt ☐ kontrolliert ☐

- *Suche das gegenteilige Adjektiv.*

schwach		bedächtig	
faul		ängstlich	
rücksichtslos		vorsichtig	
treu		schlau	
unzufrieden		gierig	
mächtig		gläubig	

5

erledigt ☐ kontrolliert ☐

- *Schreibe die passenden Eigenschaften aus der Tabelle in die Lücken.*

a) Die Hasen in einer Fabel sind ____________.

b) Der Esel ist ___________, während der Löwe ___________ ist.

c) Die Ziege ist oft___________, während der Wolf als ___________ Gauner dargestellt wird.

d) Dem Hund traut man zu, dass er seinem Herrn ________ dient.

e) Die Krähe kommt nicht gut weg, denn sie ist ___________.

f) Das Lamm ist _________ und wird oft gefressen.

g) Der Bär tapst ___________ durch die Fabel.

h) Auf dem Misthaufen sitzt der _________ Hahn.

i) Der Biber steht für den ______________ Menschen.

j) Der Storch wirkt ____________ wie ein Gelehrter.

KOHL VERLAG Lernen mit Erfolg
WOCHENPLAN FABELN
Klasse 5/6 – Bestell-Nr. 11 792

Name: ________________ Klasse: ________ Wochenplan-Nr. ____ Abgabe am: ____________

! Wochenplan: Die Eigenschaften von Tieren

1

erledigt ☐
kontrolliert ☐

- *Lies den Text.*
- *Setze die passenden Menschentypen in die Tabelle ein.*

2

erledigt ☐
kontrolliert ☐

- *Suche dir 5 Adjektive aus der Tabelle, die nur aus 5 Buchstaben bestehen. Schreibe mit jedem Adjektiv einen Satz.*

a) ______________________________

b) ______________________________

c) ______________________________

d) ______________________________

e) ______________________________

3

erledigt ☐
kontrolliert ☐

- *Die Wörter enthalten Fehler. Schreibe sie richtig.*

guhtmütig – eigensinig – änkstlich – gewaltätig – unbedachd
mechtig – geschwetzig – freuntlich – störisch – rücksichtzlos

____

____

____

4

erledigt ☐
kontrolliert ☐

- *Füge ein Adjektiv und ein Nomen zusammen. Ein Adjektiv mit einem Nomen zusammengesetzt ergibt ein neues Nomen. Beispiel: kühl + Schrank = Kühlschrank*

schwach + Kopf		schlau + Fuchs	
schnell + Straße		dumm + Kopf	
billig + Angebot		treu + Männer	
faul + Tier		stolz + Eltern	

5

erledigt ☐
kontrolliert ☐

- *Setze die Eigenschaften aus dem Silbenrätsel richtig zusammen.*

ar – beit – bil – den – det – ein – frie – ge – hoch – kö – lich
mü – nig – nig – risch – sam – sich – sin – starr – stör – tig
tig – un – vor – zu

a) die Eigenschaft des Bibers: ______________

b) eine Eigenschaft des Storches: ______________

c) eine Eigenschaft der Gans: ______________

d) eine Eigenschaft des Esels: ______________

e) eine Eigenschaft des Löwen: ______________

f) eine Eigenschaft der Ziege: ______________

g) eine Eigenschaft der Katze: ______________

h) eine Eigenschaft des Hasen: ______________

Name: ____________________ Klasse: ________ Wochenplan-Nr. ____ Abgabe am: ______________

✶ Wochenplan: Die Eigenschaften von Tieren

1

erledigt ☐
kontrolliert ☐

- *Lies den Text.*
- *Setze die passenden Menschentypen in die Tabelle ein.*

2

erledigt ☐
kontrolliert ☐

- *Suche dir zwei Tiere mit passenden Eigenschaften aus und schreibe die Geschichte in eine Fabel um.*

Ein Junge stahl ein Stück Käse. Er kletterte auf einen Baum, um ihn zu essen. Da kam ein anderer Junge vorbei, der den Käse haben wollte. „Du siehst toll aus!", rief er nach oben. „Kannst du singen und gleichzeitig den Takt mit den Händen klatschen?" „Selbstverständlich!", rief der Junge hinunter. Er sang und klatschte den Takt dazu. Dabei fiel ihm das Stück Käse aus der Hand. Der Junge unter dem Baum hob es auf und rannte damit weg.

3

erledigt ☐
kontrolliert ☐

- *Schreibe den Text richtig ins Heft.*

Die Fable ist ein besondere Gechichte, in der Tire oder Gegenstande Menschen dastelen. Menschliche Schwäschen wie Naid, Geitz, Dumheit, Eitelkeit sind Tema der Fabeln.

4

erledigt ☐
kontrolliert ☐

- *Suche das gegenteilige Adjektiv.*

schwach		traurig	
faul		ängstlich	
dünn		leise	
treu		weit	
schmal		gierig	
mächtig		lang	

5

erledigt ☐
kontrolliert ☐

- *Lies die Überschriften der Fabeln. Welche Eigenschaften treffen in jeder Fabel aufeinander? Schreibe ins Heft.*

a) Der Fuchs und das Lamm
b) Der Hahn und der Esel
c) Der Biber und der Esel
d) Der Storch und das Huhn

- *Finde Überschriften zu Fabeln.*

I. mächtig – vorsichtig
II. geschwätzig – frech
III. einfältig – hochmütig
IV. treu – schlau

WOCHENPLAN FABELN
Klasse 5/6 – Bestell-Nr. 11 792

Der aufgeblasene Frosch

1.
Die kleinen Frösche erwiderten: „Nein." Der große Frosch schluckte noch mehr Luft und fragte: „Und jetzt?" Die kleinen Frösche antworteten: „Noch immer nicht."

2.
Die kleinen Frösche meinten: „Übermut tut selten gut."

3.
Es ärgerte ihn, dass er kleiner war. Er sagte: „Aber ich kann mich aufblasen, und dann werde ich gewiss so groß sein wie er."

4.
Einmal hockte ein dicker Frosch inmitten einer Schar kleiner Frösche im Sumpf und sah zu, wie sie im moorigen Wasser umher planschten und spielten.

5.
Er schluckte ganz viel Luft, dann erkundigte er sich bei seinen Kindern: „Bin ich nun so groß wie der Ochse?"

6.
Der Frosch fragte sich: „Warum bin ich nicht so groß wie er?"

7.
Da entdeckte er am Rande des Sumpfes einen Ochsen, der gemächlich die saftigen Sumpfpflanzen abfraß. Der Ochse war groß und fett und stark.

8.
Der große Frosch blähte sich noch einmal auf und sprach zu sich: „Aber jetzt kann nicht mehr viel fehlen." Er schluckte noch etwas Luft und – zerplatzte.

KOHL VERLAG WOCHENPLAN FABELN Klasse 5/6 – Bestell-Nr. 11 792

Name: ____________________ Klasse: ________ Wochenplan-Nr. ____ Abgabe am: ______________

Wochenplan: Der aufgeblasene Frosch

1

erledigt ☐
kontrolliert ☐

- *Schneide die Teile der Fabel aus und lege sie in die richtige Reihenfolge.*
- *Lies den Text noch einmal sorgfältig durch!*

2

erledigt ☐
kontrolliert ☐

- *Welche der Sätze sind falsch? Kreuze sie an.*
  - ☐ Der Frosch blähte sich auf und flog davon.
  - ☐ Der Frosch bewunderte die Größe des Ochsen.
  - ☐ Die kleinen Frösche plantschten im moorigen Wasser.
  - ☐ Der Ochse fraß den Frosch auf und bekam Blähungen.

3

erledigt ☐
kontrolliert ☐

- *Schreibe die Sätze richtig ins Heft mit getrennten Wörtern und Groß- und Kleinschreibung.*
  - **a)** eshockteeindickerfroschmitseinenkindernineinemmoorigensumpf
  - **b)** derdickefroschwolltesogroßseinwiederdickeundfetteochse
  - **c)** erholtevielemaletiefluftundbliessichbiszumplatzenauf

4

erledigt ☐
kontrolliert ☐

- *Wortfeld: „sagen“: Finde 20 andere Wörter für* ***sagen****, die aber die gleiche Bedeutung haben.*

________________ ________________ ________________
________________ ________________ ________________
________________ ________________ ________________
________________ ________________ ________________
________________ ________________ ________________
________________ ________________ ________________
________________ ________________

5

erledigt ☐
kontrolliert ☐

- *Beantworte die Fragen schriftlich und in vollständigen Sätzen.*
  - **a)** Welche Tiere spielen in der Fabel mit?

    ____
  - **b)** Erkläre, warum der große Frosch so handelt.

    ____
  - **c)** Was ist der Höhepunkt der Fabel?

    ____
  - **d)** Was ist die Moral der Fabel?

    ____
  - **e)** Erkläre die Moral der Fabel.

    ____

WOCHENPLAN FABELN
Klasse 5/6 – Bestell-Nr. 11 792

Name: ________________ Klasse: ______ Wochenplan-Nr. ____ Abgabe am: ____________

! Wochenplan: Der aufgeblasene Frosch

1	erledigt ☐ kontrolliert ☐	• *Schneide die Teile der Fabel aus und lege sie in die richtige Reihenfolge.* • *Lies den Text noch einmal sorgfältig durch!*
2	erledigt ☐ kontrolliert ☐	• *Schreibe ein Elfchen zu der Fabel. Ein Elfchen besteht aus 11 Wörtern: 1. Zeile = 1 Wort, 2. Zeile = 2 Wörter, 3. Zeile = 3 Wörter, 4. Zeile = 4 Wörter, 5. Zeile = 1 Wort.* **Beispiel:** Frosch ____________ holt Luft ____________ holt viel Luft ____________ wünscht ochsengroß zu sein – ____________ geplatzt! ____________
3	erledigt ☐ kontrolliert ☐	• *Setze f oder ph ein.* As__alt / Katastro__e / Stro__e / Tele__on / Geogra__ie / Te__lon / __ysiker / __otoapparat / __iloso__ie / __ase / __aser / Al__abet / Mikro__on
4	erledigt ☐ kontrolliert ☐	• *Unterstreiche das/die Subjekt(e) im Satz. Nach dem Subjekt fragt man: Wer oder was tut etwas?* **a)** Die Kinder rufen: „Es ist nicht genug!“ **b)** Am Sumpfrand grast ein dicker und fetter Ochse. **c)** Der dicke Frosch und die Kinder plantschen im Wasser. **d)** Der Frosch fragte: „Warum bin ich nicht so groß wie er?“
5	erledigt ☐ kontrolliert ☐	• *Tageszeitungen brauchen auf der ersten Seite eine Schlagzeile in möglichst großen Buchstaben. Die Fabel steht als Bericht auf der ersten Seite einer Tageszeitung. Erfinde kurze Schlagzeilen.* **a)** Dicker Frosch – Selbstmord! **b)** Entsetzen! Frosch geplatzt! **c)** ____________ **d)** ____________ **e)** ____________ **f)** ____________ **g)** ____________ **h)** ____________

KOHL VERLAG Lernen mit Erfolg
WOCHENPLAN FABELN
Klasse 5/6 – Bestell-Nr. 11 792

Name: ____________ Klasse: ______ Wochenplan-Nr. ____ Abgabe am: ____________

✶ Wochenplan: Der aufgeblasene Frosch

1	erledigt ☐ kontrolliert ☐	• *Schneide die Teile der Fabel aus und lege sie in die richtige Reihenfolge.* • *Lies den Text noch einmal sorgfältig durch!*
2	erledigt ☐ kontrolliert ☐	• *Fasse die Fabel in ganzen Sätzen, aber mit nur 35 Wörtern zusammen.* Ein Frosch ist mit seinen Kindern am ______________________ ______________________ ______________________ ______________________ ______________________
3	erledigt ☐ kontrolliert ☐	• *Trenne die Wörter nach Silben. Schreibe ins Heft.* Kinder – Fabel – spielen – schlucken – Übermut – Wasser planschen – aufblasen – zerplatzen – erkundigen – erwidern Zucker – Fenster – Menschen – Kanister – Astern – April Esel – Abend
4	erledigt ☐ kontrolliert ☐	• *Das Komma steht zwischen Aufzählungen gleichartiger Satzglieder, wenn sie nicht durch und, bzw. oder verbunden sind. Setze ein Komma, wo es hingehört.* **a)** Der Frosch der Ochse und die Kinder waren am Sumpf. **b)** Auf der Wiese stand ein alte dicker fetter Ochse. **c)** Die Froschkinder planschten und spielten im Sumpf. **d)** Leichtsinn Torheit Übermut tun selten gut.
5	erledigt ☐ kontrolliert ☐	• *Die Denotation ist die Hauptbedeutung eines Wortes. Die Konnotation ist die Nebenbedeutung des Wortes. Dazu zählen Vorstellungen, Einstellungen und Werte. Durch die Konnotationen der Wörter kannst du deinen Wortschatz erweitern. Vervollständige die Tabelle.*

Wort	Denotation	Konnotation
Frosch	Tier	glitschig, kalt, Märchen, Weitsprung
Ochse		
Sumpf	Natur	
Luft		
Wasser		
Fabel		
Kinder		

KOHL VERLAG Lernen mit Erfolg
WOCHENPLAN FABELN
Klasse 5/6 – Bestell-Nr. 11 792

Der Löwe und der Bär

Text zu ⊙ Aufgaben

Der Löwe und der Bär

Der Löwe und der Bär waren Freunde. Sie machten einen Spaziergang. „Schau, da liegt etwas!“, rief der Bär. „Lass uns nachsehen! Es riecht aber schon aus der Entfernung gut“, meinte der Löwe. Im Gras lag ein großer Schinken. „Oh“, rief der Bär, „den habe ich zuerst gesehen. Das ist meiner!“ „Das glaub ich jetzt nicht! Den habe ich zuerst gesehen!“, brüllte der Löwe wütend. Jeder hatte ein Ende des Schinkens im Maul. Sie zogen und rissen so heftig daran, dass er ins Gras flog. Der Löwe und der Bär gingen schäumend vor Wut aufeinander los. Der Fuchs, von dem Lärm angezogen, sah nach, was los war. Er grinste: „Na, was haben wir denn da? Den Leckerbissen schnappe ich mir.“ Schon hatte er den Schinken im Maul und schlich damit weg.

WOCHENPLAN FABELN
Klasse 5/6 ■ Bestell-Nr. 11 792
KOHL VERLAG

Name: ____________ Klasse: ______ Wochenplan-Nr. ____ Abgabe am: ____________

⦿ Wochenplan: Der Löwe und der Bär

1	erledigt ☐ kontrolliert ☐	• *Schaue dir die Bilderfolge der Fabel sorgfältig an.* • *Lies die Fabel.*
2	erledigt ☐ kontrolliert ☐	• *Wie ist die Lehre der Fabel? Kreuze an.* ☐ Der Fuchs war clever. ☐ Wenn drei sich freuen, weint der vierte. ☐ Wenn zwei sich streiten, freut sich der dritte. ☐ Man soll sich nicht zanken.
3	erledigt ☐ kontrolliert ☐	• *Schreibe die Sätze richtig ins Heft.* **a)** Diser Saz enthält vir Feler. **b)** Has du die 15 Feler in allen vier Säzen gefundn? **c)** Dan bist du ein Rechschreipmeiter. **c)** Hezlichen Glükwunsch zu deiner Leistunk!
4	⦿ erledigt ☐ kontrolliert ☐	• *Bär und Löwe gehen wütend aufeinander los. Finde mindestens 10 andere Wörter für das Wort wütend.* jähzornig – wutentbrannt – ______________________ ______________________ ______________________ ______________________
5	⦿ erledigt ☐ kontrolliert ☐	• *Schreibe die Fabel richtig.* Der Böwe und der Lär spingen einmal gazieren. Sa dahen sie einen großen Schinken, der im Gras lag. Sie dreuten sich zuerst über fen feckeren Lund. Scheder wollte den Jinken für sich haben. Darüber sterieten sie in Greit. Sie fingen sogar mit Gäusten aufeinander los. Der Schuchs schnappte sich den Finken und nahm ihn mit. ______________________ ______________________ ______________________ ______________________ ______________________ ______________________ ______________________ ______________________

KOHL VERLAG Lernen mit Erfolg
WOCHENPLAN FABELN
Klasse 5/6 – Bestell-Nr. 11 792

Name: ____________ Klasse: ________ Wochenplan-Nr. ____ Abgabe am: ____________

! Wochenplan: Der Löwe und der Bär

1	erledigt ☐ kontrolliert ☐	• *Schaue dir die Bilderfolge der Fabel sorgfältig an.*
2	erledigt ☐ kontrolliert ☐	• *Schreibe die Fabel zu den Bildern.* **Der Löwe und der Bär** Der Löwe und der Bär waren Freunde. Sie gingen spazieren und sahen etwas im Gras liegen. ______ ______ ______ ______ ______ ______ Wie ist die Moral der Fabel? ______ ______ ______
3	erledigt ☐ kontrolliert ☐	• *Setze die Verben in die einfache Vergangenheit (Präteritum).* er ruft ⇨ er ______ es riecht ⇨ es ______ es liegt ⇨ es ______ er sieht ⇨ er ______ er schleicht ⇨ er ______ er reißt ⇨ er ______ er zieht ⇨ er ______ er grinst ⇨ er ______
4	erledigt ☐ kontrolliert ☐	• *Unterstreiche das/die Prädikat(e) in den Sätzen. Nach dem Prädikat fragt man: Was tut das Subjekt?* Bär und Löwe machten einen Spaziergang. Da sahen sie einen Schinken im Gras. Sie freuten sich über den Fund. Doch dann beanspruchte jeder ihn für sich. Es kam zum Streit. Der Fuchs freute sich über seine Beute.
5	erledigt ☐ kontrolliert ☐	• *Schreibe ein Haiku zum Text der Fabel.* *5 Silben, 7 Silben, 5 Silben* **Beispiel:** Bär und Fuchs zanken ______ Jeder will Schinken im Gras ______ Fuchs ist hocherfreut ______

WOCHENPLAN FABELN
Klasse 5/6 – Bestell-Nr. 11 792

Name: ____________________ Klasse: ________ Wochenplan-Nr. ____ Abgabe am: ______________

✶ Wochenplan: Der Löwe und der Bär

1

erledigt ☐
kontrolliert ☐

- *Schaue dir die Bilderfolge der Fabel sorgfältig an.*

2

erledigt ☐
kontrolliert ☐

- *Schreibe die Fabel zu den Bildern.*

Der Löwe und der Bär

____

____

____

____

____

____

____

Wie ist die Moral der Fabel? ________________________________

____

____

3

erledigt ☐
kontrolliert ☐

- *Setze dass oder das ein.*

_____ Bär und Löwe Freunde waren, _____ wusste jeder und _____ ihnen der Fuchs den Schinken gestohlen hatte, _____ wussten auch alle und _____ war bei den anderen Tieren der große Lacher.

4

erledigt ☐
kontrolliert ☐

- *Satzarten sind: Aussagesatz, Fragesatz, Ausrufesatz, Aufforderungssatz.*
  Hinter dem Aussagesatz steht ein Punkt, hinter dem Fragesatz ein Fragezeichen, hinter dem Ausrufesatz und Aufforderungssatz ein Ausrufezeichen.
  Setze die passenden Satzzeichen.

Waren Bär und Fuchs Freunde __ Sie gingen zusammen spazieren __ „Oh, da liegt etwas ___“, rief der Bär. „Komm, wir gehen hin___“, meinte der Löwe. „Was mag das sein___“, fragte der Bär. „Da hat vielleicht jemand seinen Müll entsorgt___“, vermutete der Löwe. Der Bär war erstaunt: „Das ist dann aber gut riechender Müll___“

5

erledigt ☐
kontrolliert ☐

- *Schreibe die Fabel so um, dass sie für Bär und Löwe gut ausgeht. Schreibe ins Heft!*

WOCHENPLAN FABELN
Klasse 5/6 – Bestell-Nr. 11 792
KOHL VERLAG

Der Fuchs und die Trauben

Ein Fuchs, der auf die Beute ging,
fand einen Weinstock, der voll schwerer Trauben
an einer hohen Mauer hing.
Sie schienen ihm ein köstlich Ding,
allein beschwerlich abzuklauben.
Er schlich umher, den nächsten Zugang auszuspähn.
Umsonst! Kein Sprung war abzusehn.
Sich selbst nicht vor dem Trupp der Vögel zu beschämen,
der auf den Bäumen saß, kehrt er sich um und spricht
und zieht dabei verächtlich das Gesicht:
Was soll ich mir viel Mühe nehmen?
Sie sind ja herb und taugen nicht.

Karl Wilhelm Ramler (1725 – 1798)

Eine Fabel ist aus drei Teilen aufgebaut:

Ausgangssituation
Streit / Gespräch
Lösung

Bezeichne die **Ausgangssituation** mit Zeilennummern.

von Zeile _____ bis Zeile _____

Bezeichne die **Lösung** mit Zeilennummern.

von Zeile _____ bis Zeile _____

Welcher Teil des Aufbaus fehlt bei der Fabel?

____

WOCHENPLAN FABELN
Klasse 5/6 – Bestell-Nr. 11 792

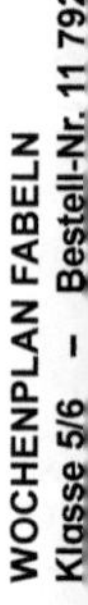

Name: ____________ Klasse: ______ Wochenplan-Nr. ____ Abgabe am: ____________

Wochenplan: Der Fuchs und die Trauben

1	erledigt ☐ kontrolliert ☐	• *Lies die Fabel.* • *Beantworte die Fragen.*
2	erledigt ☐ kontrolliert ☐	• *Warum gibt der Fuchs auf, die Trauben abzupflücken? Nenne die drei Gründe:* **a)** ______________________ **b)** ______________________ **c)** ______________________
3	erledigt ☐ kontrolliert ☐	• *Setze ein: ihn/in oder ihm/im.* ____ schienen die Trauben köstlich zu sein. Er versucht _____ großen Sprüngen an sie heran zu kommen. Aber es misslang _____. Die Vögel saßen _____ den Bäumen und schauten _____ dabei zu. Das beschämte _____. _____ Weggehen brummelte er, dass die Trauben noch unreif waren und _____ nicht geschmeckt hätten.
4	erledigt ☐ kontrolliert ☐	• *Der Relativsatz ist ein Nebensatz, der durch das Relativpronomen der, die, das eingeleitet wird. Der Relativsatz bezieht sich meistens auf ein Nomen/ Pronmen im Hauptsatz.* Beispiel: Es war der Fuchs, der die Trauben sah. Bilde aus zwei Sätzen einen Hauptsatz mit einem Relativsatz. **a)** Er schämte sich vor den Vögeln. Die Vögel saßen auf den Bäumen. **b)** Er fand einen Weinstock. Der Weinstock hing voller Trauben. **c)** Er wollte die Trauben haben. Die Trauben hingen aber zu hoch.
5	erledigt ☐ kontrolliert ☐	• *Erzähle den Mittelteil der Fabel nach.* Ein Fuchs war auf Beute und fand einen Weinstock, dessen Äste und Trauben über einer Mauer hingen. ______________________ ______________________ ______________________ ______________________ Er gab auf, drehte sich um und machte ein verächtliches Gesicht. Dann sagte er: „Was soll ich mir die Mühe machen. Die Trauben sind sowieso noch nicht reif und taugen nicht zum Essen.“

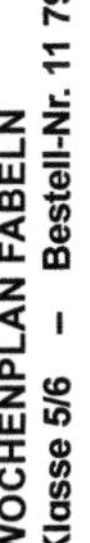

Name: ____________ Klasse: ______ Wochenplan-Nr. ____ Abgabe am: ____________

! Wochenplan: Der Fuchs und die Trauben

1	erledigt ☐ kontrolliert ☐	• *Lies die Fabel.* • *Beantworte die Fragen.*
2	erledigt ☐ kontrolliert ☐	• *Mit welcher Begründung geht der Fuchs weg? Notiere.* ____________ ____________ • *Was hältst du von der Begründung? Notiere in vollständigen Sätzen.* ____________ ____________
3	erledigt ☐ kontrolliert ☐	• *den oder denn? Setze ein.* Die Trauben sahen _____ Fuchs oder war es umgekehrt? Er sprang zu _____ Trauben hoch, _____ er wollte sie haben. _____ Vögeln war das ein Spaß, _____ sie saßen in _____ Bäumen und lachten über _____ Fuchs, _____ der sprang vergebens. Der Fuchs gab auf, _____ er wollte sich vor _____ Vögeln nicht allzu blamieren. Er murmelte, dass er die Trauben sowieso nicht haben wolle, _____ sie seien noch nicht reif. _____ Vögeln war das eine schwache Entschuldigung.
4	erledigt ☐ kontrolliert ☐	• *Suche mindestens 10 andere Wörter für das Wort gehen.* spazieren, stampfen, stapfen, ____________ ____________ ____________ ____________
5	erledigt ☐ kontrolliert ☐	• *Erzähle den Anfang und den Mittelteil der Fabel nach.* ____________ ____________ ____________ ____________ ____________ Er gab auf, drehte sich um und machte ein verächtliches Gesicht. Dann sagte er: „Was soll ich mir die Mühe machen. Die Trauben sind sowieso noch nicht reif und taugen nicht zum Essen.“

WOCHENPLAN FABELN
Klasse 5/6 – Bestell-Nr. 11 792
KOHL VERLAG

Name: ____________________ Klasse: ________ Wochenplan-Nr. _____ Abgabe am: ______________

✶ Wochenplan: Der Fuchs und die Trauben

1	erledigt ☐ kontrolliert ☐	• *Lies die Fabel.* • *Beantworte die Fragen.*
2	erledigt ☐ kontrolliert ☐	• *Was trifft zu? Kreuze an.* ☐ Die Fabel zeigt den unehrlichen Umgang mit einer Niederlage. ☐ Die Fabel zeigt, wie man Trauben pflückt. ☐ Die Fabel zeigt, wie man sich eine Niederlage schönreden kann. ☐ Die Fabel zeigt, wie man Dinge nicht erreichen kann.
3	erledigt ☐ kontrolliert ☐	• *Setze die passenden Satzzeichen.* Der Fuchs war auf Beutefang Da sah er einen Weinstock mit herrlichen Trauben Oh die sehen aber köstlich aus rief der Fuchs Ob er sie erreichen wird Der Fuchs gab sich alle Mühe Er sprang immer wieder hoch aber die Trauben hingen zu hoch So ein Pech rief der Fuchs
4	erledigt ☐ kontrolliert ☐	• *Finde die Fallfehler und berichtige sie! Schreibe ins Heft.* Die Fabel erzählt von ein Fuchs, der Trauben pflücken will. Die Trauben hängen über ein Mauer. Nun muss er an die Mauer hochspringen. Auf den Baum sitzen Vögel. Sie beobachten dem Fuchs. Er kann keine von die Trauben erreichen. Der Fuchs gibt auf, weil er sich vor dem beobachtenden Vögeln schämt. Die Vögel lachen dem Fuchs aus.
5	erledigt ☐ kontrolliert ☐	• *Erzähle die Fabel als Text nach.* ______________________________ ______________________________ ______________________________ ______________________________ ______________________________ ______________________________ ______________________________ ______________________________ ______________________________

WOCHENPLAN FABELN
Klasse 5/6 – Bestell-Nr. 11 792
KOHL VERLAG

Der Esel und die Ziege

Ein Bauer besaß einen Esel und eine Ziege. Der Esel musste schwer arbeiten und bekam deshalb mehr und besseres Futter als die Ziege. Darauf war die Ziege neidisch. Sie überlegte, wie sie es anstellen sollte, dass der Esel nicht mehr schwer arbeiten musste und dann auch kein besseres Futter als sie bekam.

„Ich habe einen Rat für dich, wie du eine Zeit lang keine schweren Lasten tragen musst und dich erholen kannst", sagte die hinterhältige Ziege zum Esel.

„Oh, lass hören!", entgegnete der Esel.

„Lasse dich bei der nächsten Gelegenheit in die tiefe Grube dort fallen. Stelle dich verletzt, sodass du eine Zeit gepflegt werden musst."

Der Esel befolgte den Rat. Schwer verletzt wurde er aus der Grube geborgen. Der Bauer ließ sofort einen Tierarzt holen. Der verschrieb eine frisch pulverisierte Ziegenleber. Der Bauer wollte dem Esel das Leben retten und schlachtete die Ziege, um das Pulver herstellen zu können.

Die hinterlistige Ziege büßte ihren gemeinen Rat mit dem eigenen Leben.

Löse das Quiz zu der Fabel. Kreuze die richtige Antwort an.

Welches Tier ist hinterlistig?

☐ Pferd ☐ Esel ☐ Ziege

Warum gibt das hinterlistige Tier einen gemeinen Rat?

☐ aus Freundschaft ☐ aus Neid ☐ aus Fürsorge

Wie lautete der gemeine Rat?

☐ verletzt stellen ☐ unverletzt stellen ☐ gesund stellen

Wie reagierte der Bauer?

☐ holte Landarzt ☐ holte Tierarzt ☐ holte Hausarzt

Was verschrieb der Arzt?

☐ pulverisierte Ziege ☐ pulverisierte Hörner ☐ pulverisierte Leber

Was tat der Bauer?

☐ Pferd schlachten ☐ Esel schlachten ☐ Ziege schlachten

KOHL VERLAG Lernen mit Erfolg
WOCHENPLAN FABELN
Klasse 5/6 – Bestell-Nr. 11 792

Name: ____________ Klasse: ________ Wochenplan-Nr. ____ Abgabe am: ____________

⊙ Wochenplan: Der Esel und die Ziege

1 — erledigt ☐ kontrolliert ☐

- *Lies die Fabel.*
- *Löse das Quiz zu der Fabel.*

2 — erledigt ☐ kontrolliert ☐

- *Schreibe andere passende Überschriften für die Fabel.*

a) ______________________________

b) ______________________________

c) ______________________________

d) ______________________________

3 — erledigt ☐ kontrolliert ☐

- *Sortiere die Wörter nach langem und kurzem Vokal.*

Grube – Futter – Rat – frisch – schwer – Leber – Leben – fallen
stellen – holen – besser – retten – befolgen – Pulver – Lasten

kurzer Vokal: ______________________________

____

langer Vokal: ______________________________

____

4 — erledigt ☐ kontrolliert ☐

- *Stelle die Satzglieder so um, dass sie einen sinnvollen Satz ergeben.*

a) Esel besseres die Der bekam als Ziege Futter.

b) Ziege befolgte Esel Rat der den Der hinterlistigen.

c) musste schwer aus Esel Grube Man den der bergen verletzten.

d) schlachtete Der Ziege die hinterhältige Bauer.

e) musste Die bösen Ziege Leben Rat ihren büßen dem mit.

5 — erledigt ☐ kontrolliert ☐

- *Vervollständige die Lücken der Wörter aus der Fabel.*

T										
I										
				F			L			B
R			Z	U			A			A
A	Z		I			P	S	R		
	E		E	T		U	T	U	G	E
Z		E	G	E	N	L		B	E	R
T	T	S	E		E		N	E		
						E			E	
		L			D	R			I	
									N	

Name: ____________________ Klasse: ________ Wochenplan-Nr. ____ Abgabe am: ______________

! Wochenplan: Der Esel und die Ziege

1

erledigt ☐
kontrolliert ☐

- *Lies die Fabel.*
- *Löse das Quiz zu der Fabel.*

2

erledigt ☐
kontrolliert ☐

- *Beantworte die Fragen in ganzen Sätzen! Schreibe ins Heft.*

  a) Warum war die Ziege neidisch auf den Esel?

  b) Welchen Rat gab die Ziege dem Esel?

  c) Warum ging die List der Ziege nicht auf?

  d) Wie büßte die Ziege ihre Hinterlist?

3

erledigt ☐
kontrolliert ☐

- *Durch einen vorangehenden Artikel oder eine Präposition werden Verben zu Nomen. Beispiel: beim Zuhören, das Laufen.*

  a) Das (f/F) ___allen in die Grube verletzte den Esel.

  b) Manchmal fiel dem Esel das (a/A) ___rbeiten schwer.

  c) Der Esel stimmte dem Rat nach dem (z/Z) ___uhören zu.

  d) Der Tierarzt (v/V) ___erschrieb ein Pulver aus Ziegenleber.

4

erledigt ☐
kontrolliert ☐

- *Setze die Präpositionen ein: durch - neben - über - auf - vom - zwischen - unter - an!*

  Der Esel litt ________ den Verletzungen. Die Verletzungen kamen ________ den Fall in die Grube, die ________ einem Baum war. Der Esel knallte in der Grube ______ den Boden. Man musste den Esel __________ den Erdwänden heraus ziehen und _____ den Füßen ______ die Wiese ins Haus tragen. Der Tierarzt wurde ______ Bauern gerufen.

5

erledigt ☐
kontrolliert ☐

- *Setze Wörter aus der Fabel ein.*

						P				
						U				
Z	I	E	G	E	N	L	E	B	E	R
						V				
						E				
						R				

WOCHENPLAN FABELN
Klasse 5/6 – Bestell-Nr. 11 792

Name: ____________________ Klasse: ________ Wochenplan-Nr. _____ Abgabe am: ______________

✶ Wochenplan: Der Esel und die Ziege

1	erledigt ☐ kontrolliert ☐	• *Lies die Fabel.* • *Löse das Quiz zu der Fabel.*
2	erledigt ☐ kontrolliert ☐	• *Schreibe die Moral der Fabel auf.* ____
3	erledigt ☐ kontrolliert ☐	• *Wörter mit den Endungen -ung, -heit, -keit schreibt man groß.* • *Hänge die passende Endung an.* Überleg_____ / Zeit____ / Hinterhältig_____ / Erhol____ / Gelegen_____ / Vertief____ / Verletz____ / Verschreib____ / Rett____ / Schlacht____ / Gemein_____ / Ratlosig_____ / Lebendig_____ / Hinterlistig______ / Herstell_____
4	erledigt ☐ kontrolliert ☐	• *Zusammengesetzte Nomen bestehen aus dem Bestimmungswort und dem Grundwort. Der Artikel richtet sich nach dem Grundwort.* *Beispiel: die Tomaten + der Saft = der Tomatensaft* • *Setze die beiden Nomen zusammen und bestimme den Artikel.* die Ziegen + der Käse = ______________________________ der Rat + der Schlag = ______________________________ der Schlag + die Sahne = ______________________________ das Wasser + der Fall = ______________________________ der Fall + die Grube = ______________________________
5	erledigt ☐ kontrolliert ☐	• *Löse das Silbenrätsel.* arzt – be – ben – ber – bes – disch – ge – gen – Gru – hin Le – le – letzt – lis – mein – nei – res – se – schlach – ten ter – Tier – tig – ver – Zie **a)** So ist die Ziege ________________ **b)** Da hinein ließ sich der Esel fallen ________________ **c)** Den holte der Bauer ________________ **d)** Das verschrieb der Arzt in Pulverform ________________ **e)** Das Futter bekam der Esel ________________ **f)** So sollte sich der Esel in der Grube stellen ________________ **g)** Damit büßte die Ziege ________________ **h)** Das machte der Bauer mit der Ziege ________________ **i)** So war der Rat der Ziege ________________ **j)** Das war die Ziege auf den Esel ________________

KOHL VERLAG Lernen mit Erfolg
WOCHENPLAN FABELN
Klasse 5/6 – Bestell-Nr. 11 792

Streitereien unter Körperteilen

Die Glieder des Körpers fingen einst mit dem Magen einen Streit an. Sie verlangten von ihm, dass er wie die übrigen Gliedmaßen arbeiten müsse, wenn er ernährt sein wolle.

Der Magen erklärte ihnen viele Male, dass er Nahrung zum Überleben brauche, aber die Hand verweigerte sie ihm.

Da die Gliedmaßen ihm nun die lebenswichtige Ernährung verweigerten, wurde der Magen bald müde und matt. Durch den großen Hunger, in dem sich der Magen befand, litten auch die übrigen Glieder.

Zu spät erkannten sie nun ihren Irrtum. Die Hand wollte nun dem Magen Nahrung zuführen: Aber der war zu sehr geschwächt und konnte sie nicht mehr aufnehmen.

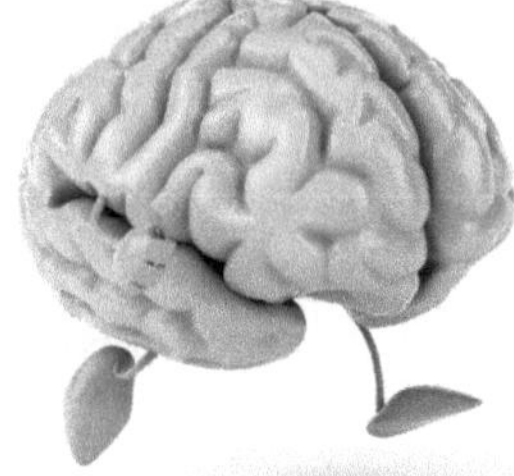

Er starb und alle übrigen Glieder des Körpers starben mit ihm.

Wer ist der Chef?

Weil die Körperteile Langeweile hatten, begannen sie zu streiten, wer der Chef sei.

Das Gehirn beanspruchte den Chefposten für sich: „Ich sitze über euch und muss für euch denken und euch sagen, wie ihr arbeiten sollt."

Die Beine lachten höhnisch: „ Du blöde weiche Masse! Durch uns kann der Mensch sich überhaupt fortbewegen. Wir sind der Boss!"

Die Augen funkelten vor Zorn: „Ohne uns könnte der Mensch keine Gefahren erkennen. Natürlich gehört uns der Chefposten!"

Die Lungen pfiffen erbost: „ Wir geben alles, damit der Mensch atmen kann, selbst dann, wenn er joggt und wir aus dem letzten Loch pfeifen müssen. Der Boss sind wir!"

Das Herz begann vor Wut so laut zu pochen, dass die Adern klapperten: „Ihr miesen Typen! Ich bin die Maschine, die euch alle antreibt. Ohne mich wärt ihr tot! Klare Sache – ich bin der Chef hier!"

Spielt den 2. Text mit verteilten Rollen.
Findet auch Argumente für die Ohren, Arme, Zunge und Nieren.

KOHL VERLAG
WOCHENPLAN FABELN
Klasse 5/6 – Bestell-Nr. 11 792

Name: ____________________ Klasse: ________ Wochenplan-Nr. ____ Abgabe am: ______________

⦿ Wochenplan: Streitereien unter Körperteilen

1

erledigt ☐
kontrolliert ☐

- *Lies die Fabel aus dem alten Griechenland.*
- *Lies den Text aus unserer Zeit.*
- *Löse die Aufgabe im Team.*

2

erledigt ☐
kontrolliert ☐

- *Welche Lehren kann man aus den beiden Texten ziehen? Kreuze an.*
  - ☐ Menschen sind aufeinander angewiesen.
  - ☐ Es ist besser im Team zu arbeiten.
  - ☐ Teammitglieder, die nicht arbeiten, werden ausgeschlossen.
  - ☐ Streit im Team bringt nur Unruhe, wenn alle aufeinander angewiesen sind.

3

erledigt ☐
kontrolliert ☐

- *Ergänze die Lücken in den Wörtern aus den Texten.*

Gliedma ___ en / ernä ___ ren / Na ___ rung / Ernä ___ rung /

ma ___ / gro ___ en / li ___ en / Gl ___ der / I ___ tum /

aufne ___ men / hö ___ nisch / Ma ___ e / Gefa ___ ren /

pfi ___ en / jo ___ en / kla ___ ern / m ___ sen

4

erledigt ☐
kontrolliert ☐

- *Immer zwei Wortpaare passen zusammen.*

Beispiel: Auto und Straße stehen zueinander wie Zug und Schiene.
Finde das 4. Wort zu den Wortpaaren.

Bein	Fuß	Arm	⇨
Ohr	hören	Auge	⇨
Mund	sprechen	Nase	⇨
Zunge	schmecken	Zähne	⇨
Zehen	laufen	Finger	⇨

5

erledigt ☐
kontrolliert ☐

- *Beantworte die Fragen in ganzen Sätzen.*

a) Wen stellen die Körperteile in beiden Texten dar?

____

b) Warum wollten die Glieder den Magen nicht versorgen?

____

c) Wer war der Chef im 2. Text?

____

d) Wer hat im 2. Text den meisten Anspruch, Chef zu sein?

____

Name: ____________ Klasse: ______ Wochenplan-Nr. ___ Abgabe am: ____________

! Wochenplan: Streitereien unter Körperteilen

1	erledigt ☐ kontrolliert ☐	• *Lies die Fabel aus dem alten Griechenland.* • *Lies den Text aus unserer Zeit.* • *Löse die Aufgabe im Team.*
2	erledigt ☐ kontrolliert ☐	• *Welche Lehren kann man aus den beiden Texten ziehen? Kreuze an.* ☐ Ein Team kann sich die Arbeit teilen. ☐ Jeder im Team sollte seine Aufgabe haben, damit das Team erfolgreich ist. ☐ Teamarbeit bringt nur Probleme. ☐ Einer im Team sollte die Arbeit koordinieren. ☐ Wenn der Koordinator einem Mitglied des Teams die Mitarbeit verweigert, kann das Team scheitern. ☐ Der Koordinator soll Streit im Team schlichten. ☐ Teamarbeit ist sinnlos.
3	erledigt ☐ kontrolliert ☐	• *Suche Reimwörter zu den Wörtern.* Mund – _____, Auge – _____, Ohr – _____, Finger – _____ Leber – _____, Milz – _____, Zunge – _____, Kopf – _____, Hand – _____, Bein – _____, Fuß – _____, Arm – _____, Hals – _____, Brust – _____
4	erledigt ☐ kontrolliert ☐	• *Suche mindestens 10 Wörter zur Wortfamilie „Körper".* Bei einer Wortfamilie werden durch Vor- und Nachsilben an das Stammwort und Zusammensetzungen mit dem Stammwort neue Wörter. Beispiel: Körper + Sprache = Körpersprache Körperschaft – Körpersprache – ______________________ ______________________ ______________________ ______________________
5	erledigt ☐ kontrolliert ☐	• *Beantworte die Fragen in ganzen Sätzen. Schreibe ins Heft.* **a)** Wen stellen die Körperteile in beiden Texten dar? **b)** Warum wollten die Glieder den Magen nicht versorgen? **c)** Was passierte durch die Weigerung der Hand ihn zu versorgen? **d)** Wer war der Chef im 2. Text? **e)** Was passiert im 1. Text, wenn ein Organ so beleidigt ist, dass es nicht mehr mitarbeiten will?

WOCHENPLAN FABELN
Klasse 5/6 – Bestell-Nr. 11 792
KOHL VERLAG

Name: ________________ Klasse: ________ Wochenplan-Nr. ____ Abgabe am: ______________

✶ Wochenplan: Streitereien unter Körperteilen

1

erledigt ☐
kontrolliert ☐

- *Lies die Fabel aus dem alten Griechenland.*
- *Lies den Text aus unserer Zeit.*
- *Löse die Aufgabe im Team.*

2

erledigt ☐
kontrolliert ☐

- *Wen stellen die Körperteile dar und welche Lehren kann man aus beiden Texten ziehen? Notiere in ganzen Sätzen.*

____

____

____

____

____

3

erledigt ☐
kontrolliert ☐

- *Nach dem Doppelpunkt schreibt man klein, wenn kein ganzer Satz folgt. Schreibe richtig.*

a) Das waren die Folgen: (K/k) ___eine Nahrung, Hunger, Tod.
b) Das war keine Lösung: (S/s) ___ie bekamen Streit.
c) Das hätten sie nicht erwartet: (A/a) ___lle Glieder starben ab.
d) Die waren am Irrtum beteiligt: (D/d) ___ie Hand, die anderen Glieder.

4

erledigt ☐
kontrolliert ☐

- *Unterstreiche den 3. Fall (Dativ) rot und den 4. Fall (Akkusativ) blau in jedem Satz.*

a) Die Körperglieder fingen mit dem Magen Streit an.
b) Die Hand verweigerte dem Magen die Ernährung.
c) Das Gehirn wollte die anderen Körperteile befehligen.
d) Durch Absprachen hätten sie den Streit verhindern können.

5

erledigt ☐
kontrolliert ☐

- *Ordne den Augen, Mund und Händen Beschreibungen zu, die zu dem Gefühl passen.*

erstarrt, glänzend, offen, zitternd, traurig, verbissen, lächelnd, hochgerissen, strahlend, versteinert, Kampfstellung, gefaltet, Fäuste, lächelnd, trübe, verkrampft, zähneknirschend, strahlend

	Augen	Mund	Hände
Angst	erstarrt	offen	zitternd
Freude			
Mut			
Trauer			
Stolz			
Krankheit			

KOHL VERLAG Lernen mit Erfolg
WOCHENPLAN FABELN Klasse 5/6 – Bestell-Nr. 11 792

Der Hase und die Frösche

Ein Hase saß in seinem Lager und grübelte.

„Wer ängstlich ist“, dachte er, „ist eigentlich ___________ dran! Nichts kann er in Frieden genießen, niemals hat er ein ungestörtes Vergnügen, immer gibt es neue ___________ für ihn. Ich schlafe vor ___________ schon mit offenen ___________. Das muss anders werden, sagt mir der Verstand. Aber wie?“

So überlegte er. Dabei war er aber ___________ auf der Hut, denn er war nun einmal misstrauisch und ___________. Ein Geräusch, ein Schatten, ein Nichts – alles erschreckte ihn schon.

Plötzlich hörte er ein leichtes Brummen. Sofort sprang er auf und rannte davon. Er hetzte bis an das Ufer eines ___________. Da sprangen die aufgescheuchten ___________ alle ins Wasser.

„Oh“, sagte der Hase, „sie ___________ sich vor mir! Da gibt es also Tiere, die vor mir, dem Hasen, zittern! Was bin ich für ein ___________!“

Moral: Da kann einer noch so feige sein, er findet immer einen, der ein noch größerer Feigling ist.

fürchten – ständig – unglücklich – Teiches – Aufregung – Augen
Frösche – Held – ängstlich – Angst

Male die Bilder aus

Name: ____________ Klasse: ______ Wochenplan-Nr. ____ Abgabe am: ____________

Wochenplan: Der Hase und die Frösche

1

erledigt ☐
kontrolliert ☐

- *Setze die passenden Wörter in den Lückentext ein.*
- *Lies die Fabel noch einmal sorgfältig durch.*
- *Löse die Aufgabe unter der Fabel.*

2

erledigt ☐
kontrolliert ☐

- *Stimmt die Behauptung? Schreibe deine Meinung.*

  Der Ängstliche ist arm dran, weil er kein Vergnügen genießen kann. Er sieht überall nur lebensbedrohliche Geräusche und Menschen.

  ____

  ____

3

erledigt ☐
kontrolliert ☐

- *Setze die passenden Doppelkonsonanten in die Wörter aus dem Text ein.*

  i___er / o____en / mu____ / de____ / mi____trauisch /

  Scha____en / a____es / Bru_____en / ra____te / a____e /

  Wa____er / zi_____ern

4

erledigt ☐
kontrolliert ☐

- *Setze den richtigen Artikel und die richtige Endung des Nomens ein.*

Fall	männlich	weiblich	sächlich
Nominativ: 1.Fall	der Hase	die Hasenfrau	das Wasser
Genitiv: 2.Fall			
Dativ: 3.Fall			
Akkusativ: 4.Fall			

5

erledigt ☐
kontrolliert ☐

- *Schreibe ein Akrostichon zu dem Text.*

A ______________________________
U ______________________________
F eigling findet immer noch größeren Feigling
R ______________________________
E ______________________________
G ______________________________
U ______________________________
N ______________________________
G ______________________________

WOCHENPLAN FABELN
Klasse 5/6 – Bestell-Nr. 11 792
KOHL VERLAG

Name: ____________ Klasse: ______ Wochenplan-Nr. ____ Abgabe am: __________

! Wochenplan: Der Hase und die Frösche

1

erledigt ☐
kontrolliert ☐

- *Setze die passenden Wörter in den Lückentext ein.*
- *Lies die Fabel noch einmal sorgfältig durch.*
- *Löse die Aufgabe unter der Fabel.*

2

erledigt ☐
kontrolliert ☐

- *Hattest du schon einmal vor einer Sache Angst? Beschreibe.*

____

____

- *Kennst du jemanden, der genau vor dieser Sache noch mehr Angst hatte? Beschreibe.*

____

____

3

erledigt ☐
kontrolliert ☐

- *Hier ist ein Satz aus dem Text versteckt. Finde ihn.*

SOFGTRMNBSOFORTLKIHGDFVCSJZSPRANGHGVFRTZEWNBLKIFER
HUTDRFWERTAUFJHFBVCDZHUNDMJKUZTREFDRKCVB RANNTEN
BHKEFDVYKIUZTDAVONBGMNVBHLKEBHDBXVCNH

4

erledigt ☐
kontrolliert ☐

- *Setze die Verben in die 4 Zeiten.*

Präsens	Perfekt	Präteritum	Futur.
ich gebe	ich habe gegeben	ich gab	ich werde geben
ich grüble			
ich denke			
ich schlafe			
ich sage			
ich höre			
ich hetze			

5

erledigt ☐
kontrolliert ☐

- *Der Limerick ist eine fünfzeilige Gedichtform. Zeilen 1, 2 und 5 müssen sich im Reim entsprechen, ebenso die Zeilen 3 und 4.*
- *Schreibe zwei Limericks – möglichst zum Text. Schreibe ins Heft.*

Beispiel:

Da gabs einen Hasen in Weiden,
der fühlte sich ziemlich bescheiden.
Er grübelte auf dem Lager.
Die Angst wurd immer arger.
Das konnte er nicht mehr leiden.

WOCHENPLAN FABELN
Klasse 5/6 – Bestell-Nr. 11 792

Name: ____________ Klasse: ________ Wochenplan-Nr. ____ Abgabe am: ____________

✶ Wochenplan: Der Hase und die Frösche

1	erledigt ☐ kontrolliert ☐	• *Setze die passenden Wörter in den Lückentext ein.* • Lies die Fabel noch einmal sorgfältig durch. • Löse die Aufgabe unter der Fabel.
2	erledigt ☐ kontrolliert ☐	• *Schreibe eine Wegwerfgeschichte zu dem Text.* Eine Wegwerfgeschichte ist eine kurze Geschichte. Eine Wegwerfgeschichte schreibt man auf einen Zettel. In einer Wegwerfgeschichte kann man fantasieren. In einer Wegwerfgeschichte muss man nicht auf die Rechtschreibung achten. Eine Wegwerfgeschichte liest du jemandem vor und wirfst sie dann weg, weil sie keiner mehr braucht.
3	erledigt ☐ kontrolliert ☐	• *Verben können in der Grundform zu Nomen werden und werden dann groß geschrieben. Ob sie groß geschrieben werden, erkennst du am Artikel davor.* *<u>Beispiel</u>: Das Brummen erschreckte den Hasen* *Entscheide, ob Groß- oder Kleinschreibung. Schreibe ins Heft.* **a)** Das (g/G) rübeln des Hasen brachte nichts. **b)** Die Frösche begannen zu (r/R) ennen. **c)** Das /A/a) ufspringen des Hasen verscheuchte die Frösche. **d)** Das (a/A) ufscheuchen der Frösche war unnötig.
4	erledigt ☐ kontrolliert ☐	• *Mit den Konjunktionen: und, sondern, weil, nachdem verbindet man Sätze und Satzteile.* • *Verbinde die Sätze und Satzteile durch Konjunktionen. Schreibe ins Heft.* **a)** Der Hase hat keinen Mut. Der Hase hat Angst. **b)** Der Hase rennt in Panik weg. Der Hase hatte ein Brummen gehört. **c)** Der Hase grübelt auf seinem Lager. Er hatte die Angst satt. **d)** Der Hase ist ängstlich. Der Hase ist schreckhaft.
5	erledigt ☐ kontrolliert ☐	• *Setze deine Fantasie ein und finde andere Wörter wie im Beispiel.*

Dogma	Hundemutter	Abführmittel	
Erdgeschoss		Anja	
Eintagsfliege		Geländer	
Fassade		Ballade	

WOCHENPLAN FABELN
Klasse 5/6 – Bestell-Nr. 11 792

Wettstreit zwischen Sonne und Wind

Sonne und Wind stritten sich, wer von ihnen beiden der Stärkere sei. Während sie noch überlegten, nach welchen Regeln der Wettstreit stattfinden solle, sahen sie einen Wanderer vor sich.

Sie einigten sich schnell. Derjenige galt als der Stärkere, der es als Erster schaffte, dass der Wanderer seine Jacke auszog.

Sogleich begann der Wind zu stürmen; Regen und Hagelschauer unterstützten ihn. Der arme Wanderer jammerte, aber immer fester und fester wickelte er sich in seine Jacke ein, und setzte seinen Weg fort, so gut er konnte.

Jetzt kam die Reihe an die Sonne. Senkrecht und kraftvoll ließ sie ihre Strahlen herabfallen. Himmel und Erde wurden hell; die Luft erwärmte sich. Dem Wanderer wurde warm. Er musste seine Jacke ausziehen und sich in den Schatten eines Baumes setzen.

Der Wind beglückwünschte die Sonne zu ihrem Sieg. Sie hatte bewiesen, dass sie die Stärkere war.

Moral: Zehnmal besser wirken Milde und Freundlichkeit, als Ungestüm und Strenge.

Schreibe einen kleinen Text zu jedem Bild.

____

____

____

____

____

____

____

____

____

____

KOHL VERLAG WOCHENPLAN FABELN Klasse 5/6 – Bestell-Nr. 11 792

Name: ____________________ Klasse: ________ Wochenplan-Nr. ____ Abgabe am: ______________

Wochenplan: Wettstreit zwischen Sonne und Wind

1	erledigt ☐ kontrolliert ☐	• *Lies die Fabel noch einmal sorgfältig durch.* • *Löse die Aufgabe unter der Fabel.*
2	erledigt ☐ kontrolliert ☐	• *Schreibe ein Elfchen zu der Fabel. Ein Elfchen besteht aus 11 Wörtern: 1. Zeile = 1 Wort, 2. Zeile = 2 Wörter, 3. Zeile = 3 Wörter, 4. Zeile = 4 Wörter, 5. Zeile = 1 Wort.* **Beispiel:** Wettstreit ____________________ zwischen beiden ____________________ Sonne und Wind ____________________ wer der Stärkere sei ____________________ Sonne! ____________________
3	erledigt ☐ kontrolliert ☐	• *An diesen Endungen erkennst du ein Nomen: -ung, -heit, -keit, -schaft, -tum, -nis, -sal, -ling, -chen, -sel. Dann weißt du, dass das Wort groß geschrieben werden muss.* • *Suche zu jeder Endung ein Nomen.* ____ ____
4	erledigt ☐ kontrolliert ☐	• *Bei Vergleichen verwendet man als oder wie. Ist etwas gleich, dann benutzt man wie. Ist etwas ungleich, dann benutzt man als.* • *Setze als oder wie ein.* Der Wind blies stärker (als/wie) _____ vorher. Er wollte mindestens so stark (als/wie) _____ die Sonne sein. Natürlich wollte er stärker (als/wie) _____ die Sonne und Sieger sein. Die Sonne hielt sich für weicher (als/wie) _____ der Wind, aber auch für stärker (als/wie) _____ er. Der Wind blies so stark (als/wie) _____ ein Sturm. Die Sonne strahlte weich (als/wie) _____ Samt.
5	erledigt ☐ kontrolliert ☐	• *Was ist mit den Sätzen los? Schreibe ins Heft.* **a)** Der Wind blies fort und förter sehr stark. **b)** Neben dem Wanderer hatte ein Baum Platz genommen. **c)** Dem Wanderer wurde so warm, dass ihm das Hemd am Gaumen klebte. **d)** Die Sonne ist ein Kreis, eben ein rundes Quadrat.

WOCHENPLAN FABELN
Klasse 5/6 – Bestell-Nr. 11 792
KOHL VERLAG

Name: ________________ Klasse: ______ Wochenplan-Nr. ____ Abgabe am: ______________

! Wochenplan: Wettstreit zwischen Sonne und Wind

1

erledigt ☐
kontrolliert ☐

- *Lies die Fabel noch einmal sorgfältig durch.*
- *Löse die Aufgabe unter der Fabel.*

2

erledigt ☐
kontrolliert ☐

- *Suche Wörter aus dem Text. Wie heißt das Lösungswort?*

Lösungswort: ____________________

(**1**) Wohnort der Sonne (**2**) umgibt die Sonne (**3**) Grundlage für Wettstreit (**4**) das trugen sie aus (**5**) Wort aus der Moral (**6**) die erwärmt (**7**) so stand sie am Himmel (**8**) die war dann an der (**9**) das brauchte der Wanderer (**10**) das blies der Wind (**11**) der zog die Jacke aus (**12**) der half dem Wind

3

erledigt ☐
kontrolliert ☐

- *wahr oder war? Fülle die Lücken.*

Ist es ____, dass eine _____sagerin die ____heit über den Ausgang des Wettstreits gesagt hat? Die Sonne ____ _____haftig der Sieger. Das ____ ____scheinlich großes Glück. Das ____ jetzt die reine _____heit.

4

erledigt ☐
kontrolliert ☐

- *Wie heißt der Genitiv (2. Fall)? Schreibe ins Heft.*

der Wind – der Regen – die Sonne – der Hagelschauer – die Kraft – der Wettstreit – die Regel – der Wanderer – der Baum – der Sieg

5

erledigt ☐
kontrolliert ☐

- *Schreibe ein Haiku zum Text der Fabel.*
  5 Silben, 7 Silben, 5 Silben

Beispiel:

Sonne gegen Wind ______________________
Wettstreit zum Kräftemessen ______________________
Sonne wird Sieger ______________________

KOHL VERLAG
WOCHENPLAN FABELN
Klasse 5/6 – Bestell-Nr. 11 792

Name: ____________ Klasse: ______ Wochenplan-Nr. ____ Abgabe am: ____________

✶ Wochenplan: Wettstreit zwischen Sonne und Wind

1

erledigt ☐
kontrolliert ☐

- *Lies die Fabel noch einmal sorgfältig durch.*
- *Löse die Aufgabe unter der Fabel.*

2 + 3

- *Lies das Gedicht von Johann Gottfried von Herder (1744 - 1803).*

Wind und Sonne machten Wette,
Wer die meisten Kräfte hätte,
Einen armen Wandersmann
Seiner Kleider zu berauben.

Wind begann;
Doch sein Schnauben
Tat ihm nichts; der Wandersmann
Zog den Mantel dichter an.

Wind verzweifelt nun und ruht;
Und ein lieber Sonnenschein
Füllt mit holder, sanfter Gluth
Wanderers Gebein.

Hüllt er nun sich tiefer ein?
Nein!
Ab wirft er nun sein Gewand,
Und die Sonne überwand.

Übermacht, Vernunftgewalt
Macht und lässt uns kalt;
Warme Christusliebe –
Wer, der kalt ihr bliebe?"

*

Gefällt dir der Fabeltext oder das Gedicht besser? Begründe.

____

____

- *Gleiche Reimpaare bezeichnet man mit gleichen Buchstaben z.B. sehen a gehen a oder leben b beben b. Das nennt man Reimschema.*
- *Schreibe das Reimschema hinter jede Zeile des Gedichts.*

____

____

____

____

erledigt ☐
kontrolliert ☐

4

- *Schreibe den Text richtig ins Heft.*

diesonneunddderwindsuchtenregelnfüreinenwettstreitalssieeinen
wanderervorsichsahen.weresschaffedemwandererdurchdieeigene
kraftdiejackeauszuziehensolltedersiegersein.diesonnegewannden
wettstreit.

erledigt ☐
kontrolliert ☐

5

- *Setze den richtigen Begriff ein: rührend / gerührt / rührig.*

Es war _______, dass der Wind der Sonne zum Sieg gratulierte. Die Sonne war auch sehr _______ darüber. Der Wind war sehr _______ bei dem Versuch zu gewinnen. Er war traurig, dass er verloren hatte, aber die Sonne kümmerte sich _______ darum, ihn aufzuheitern.

erledigt ☐
kontrolliert ☐

WOCHENPLAN FABELN
Klasse 5/6 – Bestell-Nr. 11 792
KOHL VERLAG

Lösung: ⊙ Wochenplan: „Was ist eine Fabel?“

1 erledigt ☐ kontrolliert ☐

- Lies die Textseite sorgfältig durch. Kreuze die richtigen Sätze an.

☑ In der Fabel reden Tiere und Gegenstände.
☑ Tiere und Gegenstände stellen Menschen dar.
☐ Fabeln haben mit dem wirklichen Leben nichts zu tun.
☑ Die Fabel erzählt die Wahrheit über menschliche Schwächen.

2 erledigt ☐ kontrolliert ☐

- Beantworte die Fragen. Schreibe in ganzen Sätzen ins Heft.

a) *Fabeln sind in der Vergangenheit geschrieben.*
b) *Die Fabel besteht aus: Ausgangssituation, Streit/Gespräch, Lösung*
c) *Am Ende der Fabel steht die Lehre oder Moral.*
d) *Die Fabel stellt die Schwächen der Menschen dar.*

3 erledigt ☐ kontrolliert ☐

- Finde 10 verschiedene Nomen (Namenwörter) in der Fabel „Der Esel und der Wolf“.

Esel, Wolf, Mitleid, Tier, Dorn, Fuß, Schmerzen, Mächtigen, Grund, Gnade.

4 erledigt ☐ kontrolliert ☐

- Ordne die Wörter nach dem Alphabet.

a) *Fabel, Tier, Wolf*
b) *Esel, Lösung, Moral*
c) *Leben, Mensch, Mitleid*
d) *Eigenschaft, Geiz, Neid*

5 erledigt ☐ kontrolliert ☐

- Schreibe ein Ende der Fabel. *Mögliche Lösung:*

Der Hund und der Schatten

Ein Hund lief über einen Steg, der über einen Bach führte. Im Maul trug er ein Stück Fleisch, dessen Schatten im Wasser viel größer erschien.

Vor Gier … schnappte er nach dem größeren Stück im Bach.
Dabei fiel ihm das Stück Fleisch aus dem Maul und fiel ins Wasser. So wurde seine Gefräßigkeit bestraft.

Lösung: ! Wochenplan: „Was ist eine Fabel?“

1 erledigt ☐ kontrolliert ☐

- Lies die Textseite sorgfältig durch. Kreuze die richtigen Sätze an.

☐ Menschliche Schwächen sind kein Thema der Fabel.
☑ Die gleichen Tiere haben gleiche Eigenschaften.
☐ In einer Fabel werden immer Zeit und Ort genannt.
☑ Die Fabel ist eine besondere Geschichte.

2 erledigt ☐ kontrolliert ☐

- Beantworte die Fragen. Schreibe in ganzen Sätzen ins Heft.

a) *Thema einer Fabel sind die menschlichen Schwächen.*
b) *Er will die Wahrheit über die Schwächen verpacken.*
c) *Es fehlen Zeit-, Ortsangaben und Schilderungen.*
d) *Aus der Moral sollten die Menschen etwas lernen.*
e) *Fabeln gibt es seit mindestens 3000 Jahren.*

3 erledigt ☐ kontrolliert ☐

- Setze die Verben (Tätigkeitswörter) in die einfache Vergangenheit.

ich bedauere	⇨ ich *bedauerte*	ich zerreiße	⇨ ich *zerriss*
ich sage	⇨ ich *sagte*	ich treffe	⇨ ich *traf*
ich sehe	⇨ ich *sah*	ich habe	⇨ ich *hatte*
ich gehe	⇨ ich *ging*	ich fresse	⇨ ich *fraß*

4 erledigt ☐ kontrolliert ☐

- Ordne die Wörter nach dem Alphabet.

Wolf – Löwe – Mitleid – Fuß – Tier – Dorn – Fabel – Schmerzen – Gnade – Grund – Mächtiger – Moral

Dorn – Fabel – Fuß – Gnade – Grund – Löwe – Mächtiger – Mitleid – Moral – Schmerzen – Tier – Wolf

5 erledigt ☐ kontrolliert ☐

- Schreibe die Teile der Fabel in der richtigen Reihenfolge ins Heft.

Der Hund und der Schatten

Ein Hund lief über einen Steg, der über einen Bach führte.
Im Maul trug er ein Stück Fleisch, dessen Schatten im Wasser viel größer erschien.
Vor Gier schnappte er nach dem größeren Stück im Bach.
Dabei fiel ihm das Stück Fleisch aus dem Maul und fiel ins Wasser. So wurde seine Gefräßigkeit bestraft.

Lösung: ✶ Wochenplan: „Was ist eine Fabel?“

1 — erledigt ☐ kontrolliert ☐

- Lies die Textseite sorgfältig durch. Kreuze die richtigen Sätze an.
  - ☐ Eine Fabel enthält keine Lehre für die Menschen.
  - ☐ Eine Fabel ist eine lange, umständliche Geschichte.
  - ☑ Die Fabel sollte die Wahrheit über Schwächen verpacken.
  - ☐ Die Fabel ist immer in der Gegenwart (Präsens) geschrieben.

2 — erledigt ☐ kontrolliert ☐

- Schreibe ein Akrostichon zu den Merkmalen einer Fabel.

E s gibt eine Dreiteilung in der Fabel.
I n der Fabel stellen Tiere und Gegenstände Menschen dar.
G leiche Tiere haben gleiche Eigenschaften.
E ine Fabel hat mit dem wirklichen Leben zu tun.
N icht Zeit, Ort oder Schilderungen sind im Text enthalten.
S ie ist in der Vergangenheit geschrieben.
C harakterzüge der Menschen werden bildhaft aufgezeigt.
H inter jeder Fabel steckt eine Moral.
A lle Tiere stellen menschliche Schwächen dar.
F abeln verpacken die Wahrheit über menschliche Schwächen.
T hema der Fabel sind die menschlichen Schwächen.
E ine Fabel ist eine kurze und besondere Geschichte.
N ach 3000 Jahren gibt es noch immer Fabeln.

3 — erledigt ☐ kontrolliert ☐

- Nomen (N), Verb (V) oder Adjektiv (A)? Schreibe den passenden Buchstaben an das Wort.

N	Mitleid	**A**	schlau	**N**	Schwäche	**A**	menschlich
N	Wahrheit	**V**	verpacken	**N**	Lehre	**A**	mächtig

4 — erledigt ☐ kontrolliert ☐

- Setze die passenden Wörter in den Unsinnsatz ein.

Die Fabel ist kein *Rat* an einen Menschen, der um ein *Bad bat*, weil er gerne mit dem *Rad* über das *Feld* fährt und dabei jedes Mal in den Dreck *fällt*.

5 — erledigt ☐ kontrolliert ☐

- Schreibe eine Fabel aus den Satzteilen ins Heft.

Der Hund und der Schatten
Ein Hund lief über einen Steg, der über einen Bach führte.
Im Maul trug er ein Stück Fleisch, dessen Schatten im Wasser viel größer erschien.
Vor Gier schnappte er nach dem größeren Stück im Bach. Dabei fiel ihm das Stück Fleisch aus dem Maul und fiel ins Wasser. So wurde seine Gefräßigkeit bestraft.

Lösung: ⊙ Wochenplan: Der Fuchs und der Storch

1 — erledigt ☐ kontrolliert ☐

Freunde – schlaue – hungrig – Grießbrei – flachen – ungastliche – voll – herum pickte – heuchlerische – geizigen – rachsüchtige – schmackhafte – hohen – Schnauze – hinterhältige – schmalen – ärgerlich – keine

Bild 1: Handlung **Bild 2:** Gegenhandlung

2 — erledigt ☐ kontrolliert ☐

- Wie ist die Lehre der Fabel? Kreuze die 2 Möglichkeiten an.
  - ☑ Jeder muss selbst ertragen können, was er anderen antut.
  - ☐ Dem Tapferen gehört die Welt.
  - ☑ Was du nicht willst, das man dir tu, das füg auch keinem anderen zu.

3 — erledigt ☐ kontrolliert ☐

- Schreibe die Wörter aus der Fabel richtig.

reßGireib:	*Grießbrei*	upSep:	*Suppe*
troShc:	*Storch*	chuFs:	*Fuchs*
ssenE:	*Essen*	rellTe:	*Teller*

4 — erledigt ☐ kontrolliert ☐

- Steigere die Adjektive.

schmal – *schmaler – am schmalsten*
geizig – *geiziger – am geizigsten*
flach – *flacher – am flachsten*
voll – *voller – am vollsten*
dünn – *dünner – am dünnsten*
hungrig – *hungriger – am hungrigsten*

5 — erledigt ☐ kontrolliert ☐

- Was denkt der Fuchs? Was denkt der Storch? Notiere.

Lösung: ! Wochenplan: Der Fuchs und der Storch

1 erledigt ☐ kontrolliert ☐

Freunde – schlaue – hungrig – Grießbrei – flachen – ungastliche – voll – herum pickte – heuchlerische – geizigen – rachsüchtige – schmackhafte – hohen – Schnauze – hinterhältige – schmalen – ärgerlich – keine

Bild 1: Handlung **Bild 2:** Gegenhandlung

2 erledigt ☐ kontrolliert ☐

- Wie ist die Lehre der Fabel? Kreuze die Möglichkeiten an.

☑ Jeder muss selbst ertragen können, was er anderen antut.
☐ Lügen haben kurze Beine.
☑ Wie du mir, so ich dir.
☐ Wer geizig ist bleibt geizig.
☑ Was du nicht willst, das man dir tu, das füg auch keinem anderen zu.

3 erledigt ☐ kontrolliert ☐

- Setze -lich, -ig oder -isch ein.

ungast*lich* / rachsücht*ig* / ärger*lich* / heuchler*isch* / hinterhält*ig* / hungr*ig* / ängst*lich* / herr*isch* / bedenk*lich* / freund*lich* / geiz*ig* / sorgfält*ig*

4 erledigt ☐ kontrolliert ☐

- Steigere die Adjektive.

ungastlich – *ungastlicher – am ungastlichsten*
rachsüchtig – *rachsüchtiger – am rachsüchtigsten*
ärgerlich – *ärgerlicher – am ärgerlichsten*
heuchlerisch – *heuchlerischer – am heuchlerischsten*
hinterhältig – *hinterhältiger – am hinterhältigsten*
schmackhaft – *schmackhafter – am schmackhaftesten*

5 erledigt ☐ kontrolliert ☐

- Schreibe passende Adjektive in die Felder.

Der Fuchs ist:	Beide sind:	Der Storch ist:
schlau geizig egoistisch	hinterlistig hinterhältig	rachsüchtig nachtragend heuchlerisch

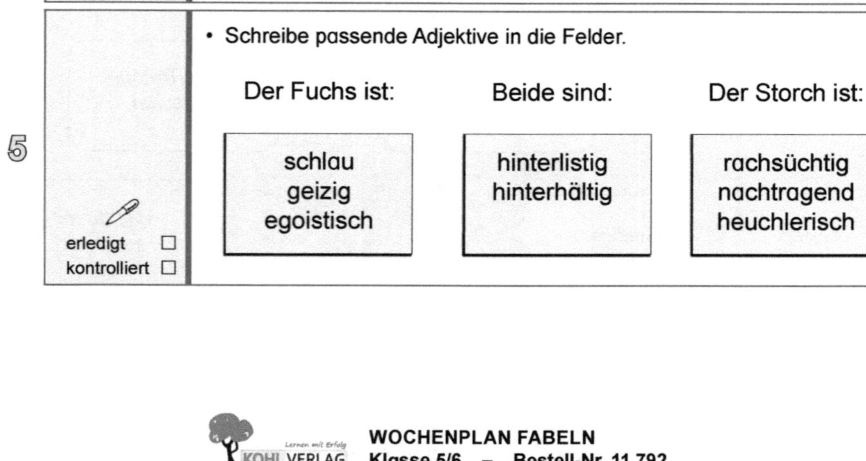

Lösung: ✶ Wochenplan: Der Fuchs und der Storch

1 erledigt ☐ kontrolliert ☐

Freunde – schlaue – hungrig – Grießbrei – flachen – ungastliche – voll – herum pickte – heuchlerische – geizigen – rachsüchtige – schmackhafte – hohen – Schnauze – hinterhältige – schmalen – ärgerlich – keine

Bild 1: Handlung **Bild 2:** Gegenhandlung

2 erledigt ☐ kontrolliert ☐

- Wie ist die Lehre der Fabel? Setze die 3 Möglichkeiten richtig zusammen

a) *Jeder muss selbst ertragen können, was er anderen antut.*
b) *Wie du mir, so ich dir.*
c) *Was du nicht willst, das man dir tu, das füg auch keinem anderen zu.*

3 erledigt ☐ kontrolliert ☐

- Suche den Satz aus der Fabel.

ERBDFEHN**EINES**GRREDCHT**TAGES**KMOLUTZQXY**LUD**HTZETDE**DER**KJM
NGFDRT**SCHLAUE**KMJHBGFRDE**FUCHS**MNBGVFCDEJUH**DEN**CGBSOÖA
STORCHSTGVREW**ZUM**CBHSFT**ESSEN**L**IEIN**

4 erledigt ☐ kontrolliert ☐

- Suche das passende Nomen zu jedem Adjektiv.

ärgerlich	**Ärger**	rachsüchtig	**Rachsucht**
gierig	**Gier**	hinterhältig	**Hinterhalt**
flach	**Fläche**	gastlich	**Gastlichkeit**
schlau	**Schläue**	hoch	**Höhe**
listig	**List**	voll	**Völle**

5 erledigt ☐ kontrolliert ☐

- Schreibe die Fabel aus der Sicht des Storches.

Der Fuchs und ich waren früher Freunde. Eines Tages lud er mich zum Essen ein. Hungrig kam ich zum Fuchs, konnte aber den Grießbrei nicht fressen, weil er auf einem flachen Teller geschüttet war. Der schlaue Fuchs fraß sich voll, während ich auf dem Teller herum pickte und nicht viel fressen konnte. Ich bedankte mich heuchlerisch für das Essen und lud den geizigen Gastgeber für den nächsten Tag zu mir ein. Ich war rachsüchtig und hatte eine schmackhafte Suppe gekocht und sie in einen hohen Krug geschüttet. Der Fuchs blieb hungrig, weil er seine Schnauze nicht in den Krug stecken konnte. Jedoch konnte ich mit meinem schmalen Schnabel mühelos die Suppe auffressen. Ärgerlich ging der hungrige Fuchs davon. Seit damals sind Fuchs und ich keine Freunde mehr.

Lösung: ① Wochenplan: Die Eigenschaften von Tieren

1 erledigt ☐ kontrolliert ☐

Lieber – Arbeiter – Faulpelz – Lügner – Schwätzer – Hochmütiger – Feigling – Dummer – Sympathiker – Cleverle – Unausstehlicher – Großmaul – Untertan – Herrscher – Gelehrter – Verbrecher – Sauertopf

2 erledigt ☐ kontrolliert ☐

- Suche dir 5 Adjektive aus der Tabelle, die auf -ig enden. Schreibe mit jedem Adjektiv einen Satz.

a) Man sagt, dass die Gans geschwätzig sei.
b) Wenn man das Essen herunterschlingt, ist man gierig.
c) Manche Menschen sind einfältig.
d) Der Storch stolziert hochmütig durch die Wiese.
e) Der Löwe ist ein mächtiger Herrscher im Tierreich.

3 erledigt ☐ kontrolliert ☐

- Setze **ü**, **ö** oder **ä** in die Wörter ein.

störrisch / ängstlich / bedächtig / rücksichtslos / einfältig / königlich / gewalttätig / gutmütig / hochmütig / mächtig / geschwätzig

4 erledigt ☐ kontrolliert ☐

- Suche das gegenteilige Adjektiv.

schwach	stark	bedächtig	unbedächtig
faul	fleißig	ängstlich	mutig
rücksichtslos	rücksichtsvoll	vorsichtig	unvorsichtig
treu	untreu	schlau	dumm
unzufrieden	zufrieden	gierig	bescheiden
mächtig	ohnmächtig	gläubig	ungläubig

5 erledigt ☐ kontrolliert ☐

- Schreibe die passenden Eigenschaften aus der Tabelle in die Lücken.

a) Die Hasen in einer Fabel sind *ängstlich*.
b) Der Esel ist *störrisch*, während der Löwe *gewalttätig* ist.
c) Die Ziege ist oft *meckerig*, während der Wolf als *rücksichtsloser* Gauner dargestellt wird.
d) Dem Hund traut man zu, dass er seinem Herrn *treu* dient.
e) Die Krähe kommt nicht gut weg, denn sie ist *frech*.
f) Das Lamm ist *schwach* und wird oft gefressen.
g) Der Bär tapst *gutmütig* durch die Fabel.
h) Auf dem Misthaufen sitzt der *stolze* Hahn.
i) Der Biber steht für den *arbeitsamen* Menschen.
j) Der Storch wirkt *stolz* wie ein Gelehrter.

Lösung: ② Wochenplan: Die Eigenschaften von Tieren

1 erledigt ☐ kontrolliert ☐

- Lies den Text.
- Setze die passenden Menschentypen in die Tabelle ein.

2 erledigt ☐ kontrolliert ☐

- Suche dir 5 Adjektive aus der Tabelle, die nur aus 5 Buchstaben bestehen. Schreibe mit jedem Adjektiv einen Satz.

a) *Der Storch klappert stolz auf seinem Nest auf dem Dach.*
b) *Der Hahn bewegt sich eitel zwischen der Hühnerschar.*
c) *Die Krähe ist als frech bekannt.*
d) *Das Lamm gilt im Tierreich als fromm.*
e) *Der Löwe ist ein starker Herrscher.*

3 erledigt ☐ kontrolliert ☐

- Die Wörter enthalten Fehler. Schreibe sie richtig.

gutmütig – eigensinnig – ängstlich – gewalttätig – unbedacht – mächtig – geschwätzig – freundlich – störrisch – rücksichtslos

4 erledigt ☐ kontrolliert ☐

- Füge ein Adjektiv und ein Nomen zusammen. Ein Adjektiv mit einem Nomen zusammengesetzt ergibt ein neues Nomen. *Beispiel: kühl + Schrank = Kühlschrank*

schwach + Kopf	Schwachkopf	schlau + Fuchs	Schlaufuchs
schnell + Straße	Schnellstraße	dumm + Kopf	Dummkopf
billig + Angebot	Billigangebot	treu + Männer	Männertreu
faul + Tier	Faultier	stolz + Eltern	Elternstolz

5 erledigt ☐ kontrolliert ☐

- Setze die Eigenschaften aus dem Silbenrätsel richtig zusammen.

a) Die Eigenschaft des Bibers — arbeitsam
b) Eine Eigenschaft des Storches — hochmütig
c) Eine Eigenschaft der Gans — eingebildet
d) Eine Eigenschaft des Esels — störrisch
e) Eine Eigenschaft des Löwen — königlich
f) Eine Eigenschaft der Ziege — unzufrieden
g) Eine Eigenschaft der Katze — starrsinnig
h) Eine Eigenschaft des Hasen — vorsichtig

Lösung: ✶ Wochenplan: Die Eigenschaften von Tieren

1 erledigt ☐ kontrolliert ☐

Lieber – Arbeiter – Faulpelz – Lügner – Schwätzer – Hochmütiger – Feigling – Dummer – Sympathiker – Cleverle – Unausstehlicher – Großmaul – Untertan – Herrscher – Gelehrter – Verbrecher – Sauertopf

2 erledigt ☐ kontrolliert ☐

- Suche dir zwei Tiere mit passenden Eigenschaften aus und schreibe die Geschichte in eine Fabel um

Eine Krähe stahl ein Stück Käse. Sie flog auf einen Baum, um ihn zu fressen. Da kam ein Fuchs vorbei, der den Käse haben wollte. „Du siehst toll aus!", rief er nach oben. „Kannst du auch so schön singen?" „Selbstverständlich!", rief die Krähe hinunter. Sie sang mit weit offenem Schnabel. Dabei fiel ihr das Stück Käse aus dem Schnabel. Der Fuchs unter dem Baum hob es auf und rannte damit weg.

3 erledigt ☐ kontrolliert ☐

- Schreibe den Text richtig ins Heft.

Die **Fabel** ist eine besondere **Geschichte**, in der **Tiere** oder **Gegenstände** Menschen **darstellen**. Menschliche **Schwächen** wie **Neid**, **Geiz**, **Dummheit**, Eitelkeit sind **Thema** der Fabeln.

4 erledigt ☐ kontrolliert ☐

- Suche das gegenteilige Adjektiv.

schwach	stark	traurig	froh
faul	fleißig	ängstlich	mutig
dünn	dick	leise	laut
treu	untreu	weit	nah
schmal	breit	gierig	bescheiden
mächtig	ohnmächtig	lang	kurz

5 erledigt ☐ kontrolliert ☐

- Lies die Überschriften der Fabeln. Welche Eigenschaften treffen in jeder Fabel aufeinander? Schreibe ins Heft.

a) schlau – schwach
b) stolz – störrisch
c) arbeitsam – faul
d) hochmütig – dumm

- Finde Überschriften zu Fabeln.

I. Der Löwe und der Hase
II. Die Gans und die Krähe
III. Der Bär und der Storch
IV. Der Hund und der Igel

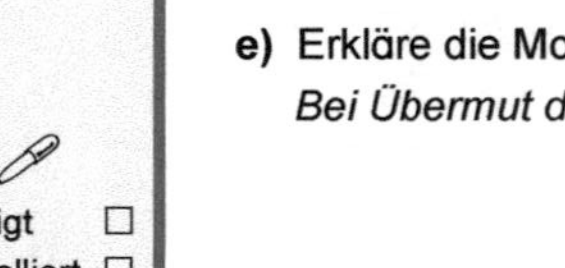

Lösung: ⊙ Wochenplan: Der aufgeblasene Frosch

1 erledigt ☐ kontrolliert ☐

- Schneide die Teile der Fabel aus und lege sie in die richtige Reihenfolge.

4 – 7 – 6 – 3 – 5 – 1 – 8 – 2

2 erledigt ☐ kontrolliert ☐

- Welche der Sätze sind falsch? Kreuze sie an.
  Falsche Sätze sind:

Der Frosch blähte sich auf und flog davon.

Der Ochse fraß den Frosch auf und bekam Blähungen.

3 erledigt ☐ kontrolliert ☐

- Schreibe die Sätze richtig ins Heft mit getrennten Wörtern und Groß- und Kleinschreibung.

a) Es hockte ein dicker Frosch mit seinen Kindern in einem moorigen Sumpf.
b) Der dicke Frosch wollte so groß sein wie der dicke und fette Ochse.
c) Er holte viele Male tief Luft und blies sich bis zum Platzen auf.

4 erledigt ☐ kontrolliert ☐

- Wortfeld: „sagen": Finde 20 andere Wörter für **sagen**, die aber die gleiche Bedeutung haben.

flüstern – brüllen – schreien – meinen – wispern – zischen – knatschen – knurren – stammeln – stottern – schnarren – lallen – labern – nuscheln – erklären – brummeln – nörgeln – jammern – keifen – quengeln

5 erledigt ☐ kontrolliert ☐

- Beantworte die Fragen schriftlich und in ganzen Sätzen.

a) Welche Tiere spielen in der Fabel mit?
Der dicke Frosch, die Froschkinder und der Ochse spielen eine Rolle in der Fabel.

b) Erkläre, warum der große Frosch so handelt.
Er wollte so groß wie der Ochse werden.

c) Was ist der Höhepunkt der Fabel?
Als der Frosch sich mit zu viel Luft vollpumpte und platzte.

d) Was ist die Moral der Fabel?
Übermut tut selten gut.

e) Erkläre die Moral der Fabel.
Bei Übermut denkt man oft nicht über die Folgen des Verhaltens nach.

Lösung: ! Wochenplan: Der aufgeblasene Frosch

1 erledigt ☐ kontrolliert ☐

- Schneide die Teile der Fabel aus und lege sie in die richtige Reihenfolge.

  4 – 7 – 6 – 3 – 5 – 1 – 8 – 2

2 erledigt ☐ kontrolliert ☐

- Schreibe ein Elfchen zu der Fabel. Ein Elfchen besteht aus 11 Wörtern: 1. Zeile = 1 Wort, 2. Zeile = 2 Wörter, 3. Zeile = 3 Wörter, 4. Zeile = 4 Wörter, 5. Zeile = 1 Wort.

  Beispiel:

  Frosch

  holt Luft

  holt viel Luft

  wünscht ochsengroß zu sein –

  geplatzt!

  Individuelle Lösung

3 erledigt ☐ kontrolliert ☐

- Setze f oder ph ein.

  Asphalt / Katastrophe / Strophe / Telefon / Geographie / Teflon / Physiker / Fotoapparat / Philosophie / Phase / Faser / Alphabet / Mikrofon

4 erledigt ☐ kontrolliert ☐

- Unterstreiche das/die Subjekt(e) im Satz. Nach dem Subjekt fragt man: Wer oder was tut etwas?

  a) Die Kinder rufen: „Es ist nicht genug!"

  b) Am Sumpfrand grast ein dicker und fetter Ochse.

  c) Der dicke Frosch und die Kinder plantschen im Wasser.

  d) Der Frosch fragte: „Warum bin ich nicht so groß wie er?"

5 erledigt ☐ kontrolliert ☐

- Tageszeitungen brauchen auf der 1. Seite eine Schlagzeile in möglichst großen Buchstaben. Die Fabel steht als Bericht auf der 1. Seite einer Tageszeitung. Erfinde kurze Schlagzeilen.

  a) Dicker Frosch – Selbstmord!

  b) Entsetzen! Frosch geplatzt!

  c) Beginn er aus Frust Selbstmord?

  d) Tod eines prominenten Frosches!

  e) Ochse von Froschteil getroffen!

  f) Selbstmord! Vor den Augen seiner Kinder!

  g) Frosch löst sich in Luft auf!

  h) Erst Spaß! Dann kam der Tod!

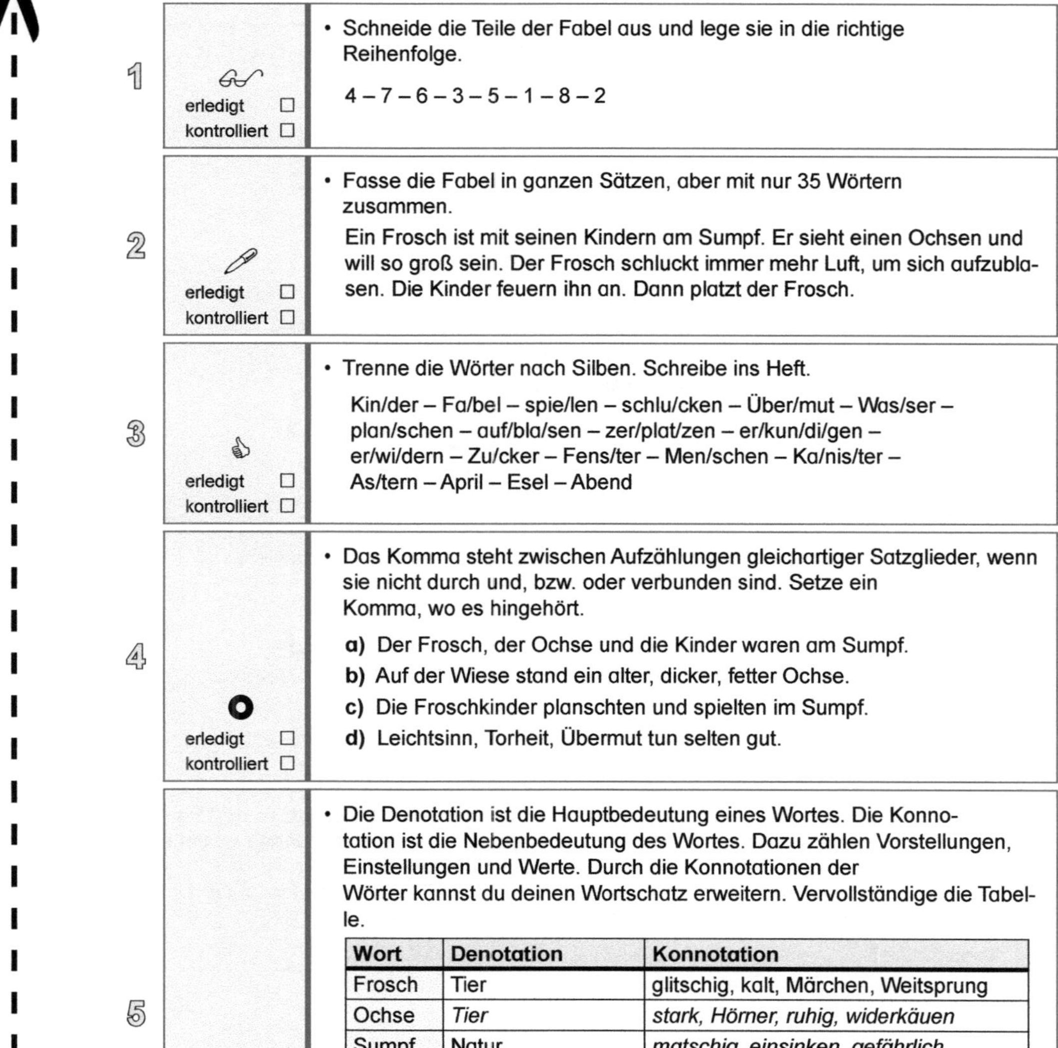

Lösung: ★ Wochenplan: Der aufgeblasene Frosch

1 erledigt ☐ kontrolliert ☐

- Schneide die Teile der Fabel aus und lege sie in die richtige Reihenfolge.

  4 – 7 – 6 – 3 – 5 – 1 – 8 – 2

2 erledigt ☐ kontrolliert ☐

- Fasse die Fabel in ganzen Sätzen, aber mit nur 35 Wörtern zusammen.

  Ein Frosch ist mit seinen Kindern am Sumpf. Er sieht einen Ochsen und will so groß sein. Der Frosch schluckt immer mehr Luft, um sich aufzublasen. Die Kinder feuern ihn an. Dann platzt der Frosch.

3 erledigt ☐ kontrolliert ☐

- Trenne die Wörter nach Silben. Schreibe ins Heft.

  Kin/der – Fa/bel – spie/len – schlu/cken – Über/mut – Was/ser – plan/schen – auf/bla/sen – zer/plat/zen – er/kun/di/gen – er/wi/dern – Zu/cker – Fens/ter – Men/schen – Ka/nis/ter – As/tern – April – Esel – Abend

4 erledigt ☐ kontrolliert ☐

- Das Komma steht zwischen Aufzählungen gleichartiger Satzglieder, wenn sie nicht durch und, bzw. oder verbunden sind. Setze ein Komma, wo es hingehört.

  a) Der Frosch, der Ochse und die Kinder waren am Sumpf.

  b) Auf der Wiese stand ein alter, dicker, fetter Ochse.

  c) Die Froschkinder planschten und spielten im Sumpf.

  d) Leichtsinn, Torheit, Übermut tun selten gut.

5 erledigt ☐ kontrolliert ☐

- Die Denotation ist die Hauptbedeutung eines Wortes. Die Konnotation ist die Nebenbedeutung des Wortes. Dazu zählen Vorstellungen, Einstellungen und Werte. Durch die Konnotationen der Wörter kannst du deinen Wortschatz erweitern. Vervollständige die Tabelle.

Wort	Denotation	Konnotation
Frosch	Tier	glitschig, kalt, Märchen, Weitsprung
Ochse	*Tier*	*stark, Hörner, ruhig, widerkäuen*
Sumpf	Natur	*matschig, einsinken, gefährlich*
Luft	*Natur*	*Atem, Wolken, klar, stickig*
Wasser	*Natur*	*kalt, warm, baden, Meer, Quelle*
Fabel	*Geschichte*	*vorlesen, Tiere, Konflikte, Moral*
Kinder	*Menschen*	*spielen, Schule, Eltern*

Lösung: ⊙ Wochenplan: Der Löwe und der Bär

1 erledigt ☐ kontrolliert ☐

- Schaue dir die Bilderfolge der Fabel sorgfältig an.
- Lies die Fabel.

2 erledigt ☐ kontrolliert ☐

- Wie ist die Lehre der Fabel? Kreuze an.
  - ☐ Der Fuchs war clever.
  - ☐ Wenn drei sich freuen, weint der vierte.
  - ☑ Wenn zwei sich streiten, freut sich der dritte.
  - ☐ Man soll sich nicht zanken.

3 erledigt ☐ kontrolliert ☐

- Schreibe die Sätze richtig ins Heft.
  - **a)** Dieser Satz enthält vier Fehler.
  - **b)** Hast du die 15 Fehler in allen 4 Sätzen gefunden?
  - **c)** Dann bist du ein Rechtschreibmeister.
  - **c)** Herzlichen Glückwunsch zu deiner Leistung!

4 erledigt ☐ kontrolliert ☐

- Bär und Löwe gehen wütend aufeinander los. Finde mindestens 10 andere Wörter für das Wort wütend.

  jähzornig – wutentbrannt – erzürnt – kochend – tobend – schimpfend – cholerisch – giftig – unbeherrscht – brüllend – fuchsteufelswild – aufgebracht – zornig – schäumend – explosiv – auffahrend

5 erledigt ☐ kontrolliert ☐

- Schreibe die Fabel richtig.

  Der Löwe und der Bär gingen einmal spazieren. Da sahen sie einen großen Schinken, der im Gras lag. Sie freuten sich zuerst über den leckeren Fund. Jeder wollte den Schinken für sich haben. Darüber gerieten sie in Streit. Sie gingen sogar mit Fäusten aufeinander los. Der Fuchs schnappte sich den Schinken und nahm ihn mit.

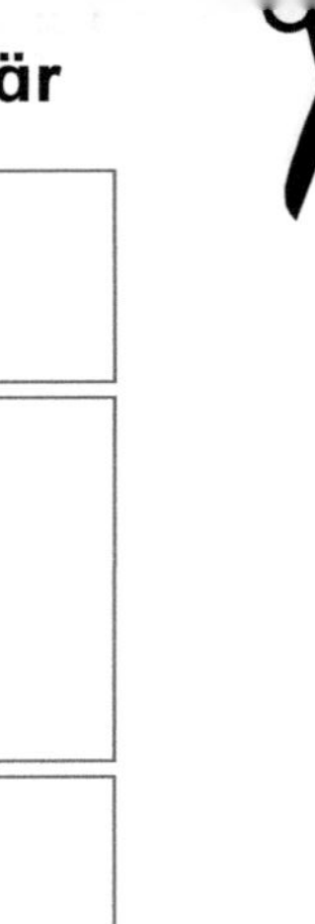

Lösung: ! Wochenplan: Der Löwe und der Bär

1 erledigt ☐ kontrolliert ☐

- Schaue dir die Bilderfolge der Fabel sorgfältig an.

2 erledigt ☐ kontrolliert ☐

- Schreibe die Fabel zu den Bildern.

  Der Löwe und der Bär

  Der Löwe und der Bär waren Freunde. Sie gingen spazieren und sahen etwas im Gras liegen. „Schau, da liegt etwas!", rief der Bär. „Lass uns nachsehen! Es riecht aber schon aus der Entfernung gut", meinte der Löwe. Im Gras lag ein großer Schinken. „Oh", rief der Bär, „den habe ich zuerst gesehen. Das ist meiner!" „Das glaub ich jetzt nicht! Den habe ich zuerst gesehen!", brüllte der Löwe wütend. Jeder hatte ein Ende des Schinkens im Maul. Sie zogen und rissen so heftig daran, dass er ins Gras flog. Der Löwe und der Bär gingen schäumend vor Wut aufeinander los. Der Fuchs, von dem Lärm angezogen, sah nach, was los war. Er grinste: „Na, was haben wir denn da? Den Leckerbissen schnappe ich mir." Schon hatte er den Schinken im Maul und schlich damit weg.

- Wie ist die Moral der Fabel?

  Wenn zwei sich streiten, freut sich der dritte.

3 erledigt ☐ kontrolliert ☐

- Setze die Verben in die einfache Vergangenheit (Präteritum).

er ruft	⇨ er *rief*	es riecht	⇨ es *roch*
es liegt	⇨ es *lag*	er sieht	⇨ er *sah*
er schleicht	⇨ er *schlich*	er reißt	⇨ er *riss*
er zieht	⇨ er *zog*	er grinst	⇨ er *grinste*

4 erledigt ☐ kontrolliert ☐

- Unterstreiche das/die Prädikat(e) in den Sätzen. Nach dem Prädikat fragt man: Was tut das Subjekt?

  Bär und Löwe <u>machten</u> einen Spaziergang. Da <u>sahen</u> sie einen Schinken im Gras. Sie <u>freuten</u> sich über den Fund. Doch dann <u>beanspruchte</u> jeder ihn für sich. Es <u>kam</u> zum Streit. Der Fuchs <u>freute</u> sich über seine Beute.

5 erledigt ☐ kontrolliert ☐

- Schreibe ein Haiku zum Text der Fabel.
  5 Silben, 7 Silben, 5 Silben

  Beispiel:

  Bär und Fuchs zanken
  Jeder will Schinken im Gras
  Fuchs ist hocherfreut

  Individuelle Lösung

Lösung: ✶ Wochenplan: Der Löwe und der Bär

1	erledigt ☐ kontrolliert ☐	• Schaue dir die Bilderfolge der Fabel sorgfältig an.
2	erledigt ☐ kontrolliert ☐	• Schreibe die Fabel zu den Bildern. **Der Löwe und der Bär** Der Löwe und der Bär waren Freunde. Sie gingen spazieren und sahen etwas im Gras liegen. „Schau, da liegt etwas!", rief der Bär. „Lass uns nachsehen! Es riecht aber schon aus der Entfernung gut", meinte der Löwe. Im Gras lag ein großer Schinken. „Oh", rief der Bär, „den habe ich zuerst gesehen. Das ist meiner!" „Das glaub ich jetzt nicht! Den habe ich zuerst gesehen!", brüllte der Löwe wütend. Jeder hatte ein Ende des Schinkens im Maul. Sie zogen und rissen so heftig daran, dass er ins Gras flog. Der Löwe und der Bär gingen schäumend vor Wut aufeinander los. Der Fuchs, von dem Lärm angezogen, sah nach, was los war. Er grinste: „Na, was haben wir denn da? Den Leckerbissen schnappe ich mir." Schon hatte er den Schinken im Maul und schlich damit weg. • Wie ist die Moral der Fabel? Wenn zwei sich streiten, freut sich der dritte.
3	erledigt ☐ kontrolliert ☐	• Setze dass oder das ein. *Dass* Bär und Löwe Freunde waren, *das* wusste jeder und *dass* ihnen der Fuchs den Schinken gestohlen hatte, *das* wussten auch alle und *das* war bei den anderen Tieren der große Lacher.
4	erledigt ☐ kontrolliert ☐	• Setze die passenden Satzzeichen Waren Bär und Fuchs Freunde ? Sie gingen zusammen spazieren . „Oh, da liegt etwas !", rief der Bär. „Komm, wir gehen hin !", meinte der Löwe. „Was mag das sein ?", fragte der Bär. „Da hat vielleicht jemand seinen Müll entsorgt .", vermutete der Löwe. Der Bär war erstaunt: „Das ist dann aber gut riechender Müll ."
5	erledigt ☐ kontrolliert ☐	• Schreibe die Fabel so um, dass sie für Bär und Löwe gut ausgeht. Der Bär und der Löwe sind Freunde. Sie gehen spazieren und entdecken einen Schinken, der im Gras liegt. Beide sind erstaunt. Wer verliert einen Schinken? Sie beschließen ihn zu teilen. Aber sie haben kein Messer. Nun beratschlagen sie, wie er geteilt werden kann. Dann haben sie eine Idee. Der Bär zieht mit der Kralle einen Strich über die Hälfte. Der Löwe frisst zuerst die erste Hälfte, dann der Bär die andere. Zum Schluss legen sich beide satt und zufrieden ins Gras und machen ein Nickerchen.

KOHL VERLAG Lernen mit Erfolg
WOCHENPLAN FABELN
Klasse 5/6 – Bestell-Nr. 11 792

Lösung: ⊙ Wochenplan: Der Fuchs und die Trauben

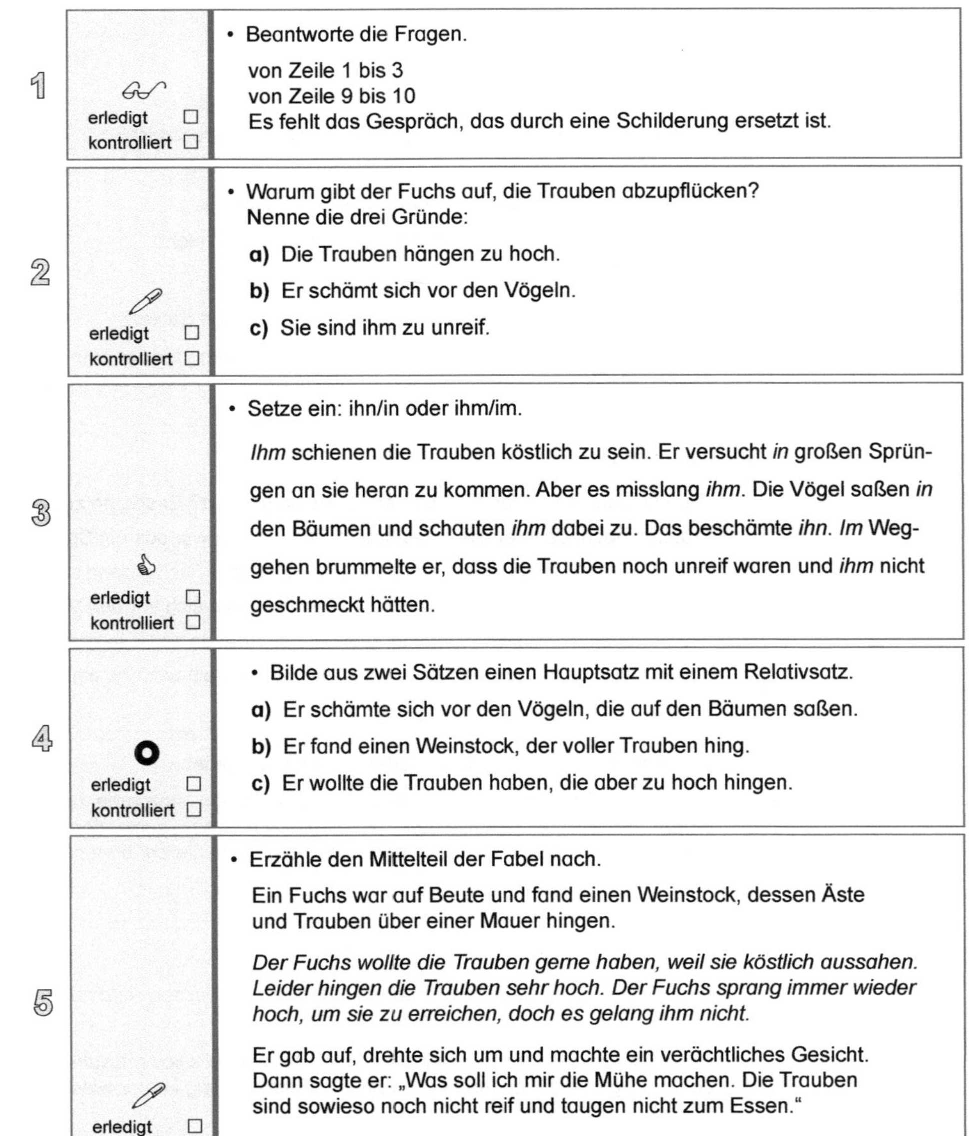

1	erledigt ☐ kontrolliert ☐	• Beantworte die Fragen. von Zeile 1 bis 3 von Zeile 9 bis 10 Es fehlt das Gespräch, das durch eine Schilderung ersetzt ist.
2	erledigt ☐ kontrolliert ☐	• Warum gibt der Fuchs auf, die Trauben abzupflücken? Nenne die drei Gründe: **a)** Die Trauben hängen zu hoch. **b)** Er schämt sich vor den Vögeln. **c)** Sie sind ihm zu unreif.
3	erledigt ☐ kontrolliert ☐	• Setze ein: ihn/in oder ihm/im. *Ihm* schienen die Trauben köstlich zu sein. Er versucht *in* großen Sprüngen an sie heran zu kommen. Aber es misslang *ihm*. Die Vögel saßen *in* den Bäumen und schauten *ihm* dabei zu. Das beschämte *ihn*. *Im* Weggehen brummelte er, dass die Trauben noch unreif waren und *ihm* nicht geschmeckt hätten.
4	erledigt ☐ kontrolliert ☐	• Bilde aus zwei Sätzen einen Hauptsatz mit einem Relativsatz. **a)** Er schämte sich vor den Vögeln, die auf den Bäumen saßen. **b)** Er fand einen Weinstock, der voller Trauben hing. **c)** Er wollte die Trauben haben, die aber zu hoch hingen.
5	erledigt ☐ kontrolliert ☐	• Erzähle den Mittelteil der Fabel nach. Ein Fuchs war auf Beute und fand einen Weinstock, dessen Äste und Trauben über einer Mauer hingen. *Der Fuchs wollte die Trauben gerne haben, weil sie köstlich aussahen. Leider hingen die Trauben sehr hoch. Der Fuchs sprang immer wieder hoch, um sie zu erreichen, doch es gelang ihm nicht.* Er gab auf, drehte sich um und machte ein verächtliches Gesicht. Dann sagte er: „Was soll ich mir die Mühe machen. Die Trauben sind sowieso noch nicht reif und taugen nicht zum Essen."

KOHL VERLAG Lernen mit Erfolg
WOCHENPLAN FABELN
Klasse 5/6 – Bestell-Nr. 11 792

Lösung: ! Wochenplan: Der Fuchs und die Trauben

1 erledigt ☐ kontrolliert ☐

- Beantworte die Fragen.

von Zeile 1 bis 3
von Zeile 9 bis 10
Es fehlt das Gespräch, das durch eine Schilderung ersetzt ist.

2 erledigt ☐ kontrolliert ☐

- Mit welcher Begründung geht der Fuchs weg? Notiere.

Die Trauben wären ihm zu unreif und sie würden ihm nicht schmecken.

- Was hältst du von der Begründung? Notiere in ganzen Sätzen.

Das war nicht ehrlich von ihm. Er wollte nicht zugeben, dass er eine Niederlage erlitten hatte.

3 erledigt ☐ kontrolliert ☐

- den oder denn? Setze ein.

Die Trauben sahen *den* Fuchs oder war es umgekehrt? Er sprang zu *den* Trauben hoch, *denn* er wollte sie haben. *Den* Vögeln war das ein Spaß, *denn* sie saßen in *den* Bäumen und lachten über *den* Fuchs, *denn* der sprang vergebens. Der Fuchs gab auf, *denn* er wollte sich vor *den* Vögeln nicht allzu blamieren. Er murmelte, dass er die Trauben sowieso nicht haben wolle, *denn* sie seien noch nicht reif. *Den* Vögeln war das eine schwache Entschuldigung.

4 erledigt ☐ kontrolliert ☐

- Suche mindestens 10 andere Wörter für das Wort gehen.

spazieren, stampfen, stapfen, steigen, stelzen, stiefeln, stolzieren, traben, trotten, wandeln, wandern, waten, watscheln, schleichen, schlendern, schlurfen, schreiten, kriechen, laufen, latschen, marschieren, bummeln

5 erledigt ☐ kontrolliert ☐

- Erzähle den Anfang und den Mittelteil der Fabel nach.

Ein Fuchs war auf Beute und fand einen Weinstock, dessen Äste und Trauben über einer Mauer hingen.

Der Fuchs wollte die Trauben gerne haben, weil sie köstlich aussahen. Leider hingen die Trauben sehr hoch. Der Fuchs sprang immer wieder hoch, um sie zu erreichen, doch es gelang ihm nicht.

Er gab auf, drehte sich um und machte ein verächtliches Gesicht. Dann sagte er: „Was soll ich mir die Mühe machen. Die Trauben sind sowieso noch nicht reif und taugen nicht zum Essen."

Lösung: ✶ Wochenplan: Der Fuchs und die Trauben

1 erledigt ☐ kontrolliert ☐

- Beantworte die Fragen.

von Zeile 1 bis 3
von Zeile 9 bis 10
Es fehlt das Gespräch, das durch eine Schilderung ersetzt ist.

2 erledigt ☐ kontrolliert ☐

- Was trifft zu? Kreuze an.

☑ Die Fabel zeigt den unehrlichen Umgang mit einer Niederlage.
☐ Die Fabel zeigt, wie man Trauben pflückt.
☑ Die Fabel zeigt, wie man sich eine Niederlage schönreden kann.
☐ Die Fabel zeigt, wie man Dinge nicht erreichen kann.

3 erledigt ☐ kontrolliert ☐

- Setze die passenden Satzzeichen.

Der Fuchs war auf Beutefang . Da sah er einen Weinstock mit herrlichen Trauben . „ Oh , die sehen aber köstlich aus ! " , rief der Fuchs .
Ob er sie erreichen wird ? Der Fuchs gab sich alle Mühe . Er sprang immer wieder hoch , aber die Trauben hingen zu hoch . „ So ein Pech !" , rief der Fuchs .

4 erledigt ☐ kontrolliert ☐

- Finde die Fallfehler und berichtige sie! Schreibe ins Heft.

Die Fabel erzählt von *einem* Fuchs, der Trauben pflücken will. Die Trauben hängen über *einer* Mauer. Nun muss er an *der* Mauer hochspringen. Auf *dem* Baum sitzen Vögel. Sie beobachten *den* Fuchs. Er kann keine von *den* Trauben erreichen. Der Fuchs gibt auf, weil er sich vor *den* beobachtenden Vögeln schämt. Die Vögel lachen *den* Fuchs aus.

5 erledigt ☐ kontrolliert ☐

- Erzähle die Fabel als Text nach.

Ein Fuchs war auf Beute und fand einen Weinstock, dessen Äste und Trauben über einer Mauer hingen.
Der Fuchs wollte die Trauben gerne haben, weil sie köstlich aussahen. Leider hingen die Trauben sehr hoch. Der Fuchs sprang immer wieder hoch, um sie zu erreichen, doch es gelang ihm nicht.
Er gab auf, drehte sich um und machte ein verächtliches Gesicht. Dann sagte er: „ Was soll ich mir die Mühe machen. Die Trauben sind sowieso noch nicht reif und taugen nicht zum Essen."

Lösung: ⊙ Wochenplan: Der Esel und die Ziege

1 erledigt ☐ kontrolliert ☐

- Löse das Quiz zu der Fabel.

c – b – a – b – c – c

2 erledigt ☐ kontrolliert ☐

- Schreibe andere passende Überschriften für die Fabel.

a) Der hinterhältige Rat
b) Wer andern eine Grube gräbt, fällt selbst hinein.
c) Wer zuletzt lacht, lacht am besten.
d) Hinterlist zahlt sich nicht aus.

3 erledigt ☐ kontrolliert ☐

- Sortiere die Wörter nach langem und kurzem Vokal.

Grube – Futter – Rat – frisch – schwer – Leber – Leben – fallen – stellen – holen – besser – retten – befolgen – Pulver – Lasten

kurzer Vokal: Futter – frisch – fallen – stellen – besser – retten – Lasten
langer Vokal: Grube – Rat – schwer – Leber – Leben – holen – befolgen – Pulver

4 erledigt ☐ kontrolliert ☐

- Stelle die Satzglieder so um, dass sie einen sinnvollen Satz ergeben.

a) Der Esel bekam besseres Futter als der Esel..
b) Der Esel befolgte den hinterlistigen Rat der Ziege.
c) Man musste den schwer verletzten Esel aus der Grube bergen.
d) Der Bauer schlachtete die hinterhältige Ziege.
e) Die Ziege musste ihren bösen Rat mit dem Leben büßen.

5 erledigt ☐ kontrolliert ☐

- Vervollständige die Lücken der Wörter aus der Fabel.

T										
I										
E				F			L			B
R			Z	U			A	G		A
A	Z		I	T		P	S	R		U
R	E		E	T		U	T	U	G	E
Z	I	E	G	E	N	L	E	B	E	R
T	T	S	E	R	E	V	N	E	M	
		E			I	E			E	
		L			D	R			I	
									N	

Lösung: Wochenplan: Der Esel und die Ziege

1 erledigt ☐ kontrolliert ☐

- Löse das Quiz zu der Fabel.

c – b – a – b – c – c

2 erledigt ☐ kontrolliert ☐

- Beantworte die Fragen in ganzen Sätzen! Schreibe ins Heft.

a) Weil er mehr und besseres Futter als sie bekam.
b) Der Esel solle sich in eine tiefe Grube fallen lassen.
c) Der Bauer holte sofort den Tierarzt, um den Esel zu retten.
d) Der Bauer schlachtete die Ziege.

3 erledigt ☐ kontrolliert ☐

- Durch einen vorangehenden Artikel oder eine Präposition werden Verben zu Nomen. Beispiel: beim Zuhören, das Laufen.

a) Das (f/F) *F*allen in die Grube verletzte den Esel.
b) Manchmal fiel dem Esel das (a/A) *A*rbeiten schwer.
c) Der Esel stimmte dem Rat nach dem (z/Z) *Z*uhören zu.
d) Der Tierarzt (v/V) *v*erschrieb ein Pulver aus Ziegenleber.

4 erledigt ☐ kontrolliert ☐

- Setze die Präpositionen ein: durch - neben - über - auf - vom - zwischen - unter - an!

Der Esel litt *unter* den Verletzungen. Die Verletzungen kamen *durch* den Fall in die Grube, die *neben* einem Baum war. Der Esel knallte in der Grube *auf* den Boden. Man musste den Esel *zwischen* den Erdwänden herausziehen und *an* den Füßen *über* die Wiese ins Haus tragen. Der Tierarzt wurde *vom* Bauern gerufen.

5 erledigt ☐ kontrolliert ☐

- Setze Wörter aus der Fabel ein.

T										
I										
E				F			L			B
R			Z	U			A	G		A
A	Z		I	T		P	S	R		U
R	E		E	T		U	T	U	G	E
Z	I	E	G	E	N	L	E	B	E	R
T	T	S	E	R	E	V	N	E	M	
		E			I	E			E	
		L			D	R			I	
									N	

Lösung: ✶ Wochenplan: Der Esel und die Ziege

1 erledigt ☐ kontrolliert ☐

- Löse das Quiz zu der Fabel.

c – b – a – b – c - c

2 erledigt ☐ kontrolliert ☐

- Schreibe die Moral der Fabel auf.

Wer andern eine Grube gräbt, fällt selbst hinein.

3 erledigt ☐ kontrolliert ☐

- Wörter mit den Endungen -ung, -heit, -keit schreibt man groß.
- Hänge die passende Endung an.

Überleg*ung* / Zeit*ung* / Hinterhältig*keit* / Erhol*ung* / Gelegen*heit* /

Vertief*ung* / Verletz*ung* / Verschreib*ung* / Rett*ung* / Schlacht*ung* /

Gemein*heit* / Ratlosig*keit* / Lebendig*keit* / Hinterlistig*keit* /

Herstell*ung*

4 erledigt ☐ kontrolliert ☐

- Zusammengesetzte Nomen bestehen aus dem Bestimmungswort und dem Grundwort. Der Artikel richtet sich nach dem Grundwort.

Beispiel: die Tomaten + der Saft = der Tomatensaft

- Setze die beiden Nomen zusammen und bestimme den Artikel.

die Ziegen + der Käse = der Ziegenkäse

der Rat + der Schlag = der Ratschlag

der Schlag + die Sahne = die Schlagsahne

das Wasser + der Fall = der Wasserfall

der Fall + die Grube = die Fallgrube

5 erledigt ☐ kontrolliert ☐

- Löse das Silbenrätsel.

arzt – be – ben – ber – bes – disch – ge – gen – Gru – hin – Le – le – letzt – lis – mein – nei – res – se – schlach – ten – ter – Tier – tig – ver – Zie

a) So ist die Ziege — gemein
b) Da hinein ließ sich der Esel fallen — Grube
c) Den holte der Bauer — Tierarzt
d) Das verschrieb der Arzt in Pulverform — Ziegenleber
e) Das Futter bekam der Esel — besseres
f) So sollte sich der Esel in der Grube stellen — verletzt
g) Damit büßte die Ziege — Leben
h) Das machte der Bauer mit der Ziege — schlachten
i) So war der Rat der Ziege — hinterlistig
j) Das war die Ziege auf den Esel — neidisch

Lösung: ⊙ Wochenplan: Streitereien unter Körperteilen

1 erledigt ☐ kontrolliert ☐

- Löse die Aufgabe im Team.

Individuelle Lösungen

2 erledigt ☐ kontrolliert ☐

- Welche Lehren kann man aus den beiden Texten ziehen? Kreuze an.

☑ Menschen sind aufeinander angewiesen.
☑ Es ist besser im Team zu arbeiten.
☐ Teammitglieder, die nicht arbeiten, werden ausgeschlossen.
☑ Streit im Team bringt nur Unruhe, wenn alle aufeinander angewiesen sind.

3 erledigt ☐ kontrolliert ☐

- Ergänze die Lücken in den Wörtern aus den Texten.

Gliedma *ß* en / ernä *h* ren / Na *h* rung / Ernä *h* rung /

ma *tt* / gro *ß* en / li *tt* en / Gl *ie* der / I *rr* tum /

aufne *h* men / hö *h* nisch / Ma *ss* e / Gefa *h* ren /

pfi *ff* en / jo *gg* en / kla *pp* ern / m *ie* sen

4 erledigt ☐ kontrolliert ☐

- Immer zwei Wortpaare passen zusammen.

Beispiel: Auto und Straße stehen zueinander wie Zug und Schiene.
Finde das 4. Wort zu den Wortpaaren.

Bein	Fuß	Arm	⇨ *Hand*
Ohr	hören	Auge	⇨ *sehen*
Mund	sprechen	Nase	⇨ *riechen*
Zunge	schmecken	Zähne	⇨ *beißen*
Zehen	laufen	Finger	⇨ *greifen*

5 erledigt ☐ kontrolliert ☐

- Beantworte die Fragen in ganzen Sätzen.

a) Wen stellen die Körperteile in beiden Texten dar?
Die Körperteile stellen Menschen dar.

b) Warum wollten die Glieder den Magen nicht versorgen?
Weil er nicht arbeitete, sondern versorgt werden musste.

c) Wer war der Chef im 2. Text?
Der Chef war das Großhirn.

d) Wer hat im 2. Text den meisten Anspruch, Chef zu sein?
Das Herz, weil es die Maschine ist, die alle antreibt.

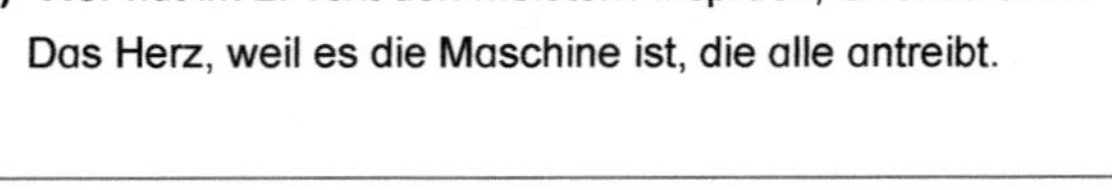

Lösung: ! Wochenplan: Streitereien unter Körperteilen

1 erledigt ☐ kontrolliert ☐

- Löse die Aufgabe im Team.

  Individuelle Lösungen

2 erledigt ☐ kontrolliert ☐

- Welche Lehren kann man aus den beiden Texten ziehen? Kreuze an.
  - ☑ Ein Team kann sich die Arbeit teilen.
  - ☑ Jeder im Team sollte seine Aufgabe haben, damit das Team erfolgreich ist.
  - ☐ Teamarbeit bringt nur Probleme.
  - ☑ Einer im Team sollte die Arbeit koordinieren.
  - ☑ Wenn der Koordinator einem Mitglied des Teams die Mitarbeit verweigert, kann das Team scheitern.
  - ☑ Der Koordinator soll Streit im Team schlichten.
  - ☐ Teamarbeit ist sinnlos.

3 erledigt ☐ kontrolliert ☐

- Suche Reimwörter zu den Wörtern.

  Mund – *Grund*, Auge – *Lauge*, Ohr – *Moor*, Finger – *Springer*,

  Leber – *Kleber*, Milz – *Filz*, Zunge – *Lunge*, Kopf – *Topf*,

  Hand – *Sand*, Bein – *Schein*, Fuß – *Gruß*, Arm – *warm*,

  Hals – *Malz*, Brust – *Lust*

4 erledigt ☐ kontrolliert ☐

- Suche mindestens 10 Wörter zur Wortfamilie „Körper".

  Mögliche Lösungen:
  Körperschaft – Verkörperung – Körpersprache – Körperbau – körperlos – Heizkörper – Beleuchtungskörper – verkörpern – Fremdkörper – Feuerwerkskörper – Gleiskörper – körperbehindert – Körpertemperatur – Körperflüssigkeit – Körpergewicht

5 erledigt ☐ kontrolliert ☐

- Beantworte die Fragen in ganzen Sätzen. Schreibe ins Heft.

  a) Die Körperteile stellen Menschen dar.
  b) Er arbeite nicht und musste mit Nahrung versorgt werden.
  c) Der Magen konnte die anderen Glieder nicht versorgen und alle starben.
  d) Das Großhirn war der Chef und steuerte den Ablauf.
  e) Da die Hand dem Magen die Nahrung verweigerte, war der Magen irgendwann so geschwächt, dass er auch keine Nahrung mehr aufnehmen konnte, als die anderen Gliedmaßen ihren Irrtum bemerkten. Somit starben alle.

Lösung: ✶ Wochenplan: Streitereien unter Körperteilen

1 erledigt ☐ kontrolliert ☐

- Löse die Aufgabe im Team.

  Individuelle Lösungen

2 erledigt ☐ kontrolliert ☐

- Wen stellen die Körperteile dar und welche Lehren kann man aus beiden Texten ziehen? Notiere in ganzen Sätzen.

  Die Körperteile stellen Eigenschaften der Menschen dar. Die Körperteile arbeiten als Team.

  Im 1. Text steht der Magen für den Koordinator in einem Team. Jeder im Team hat seine Aufgabe. Fällt der Teamchef aus, bricht alles zusammen.

  Der 2. Text zeigt eine gute Teamarbeit. Der Teamchef wird von den Mitgliedern des Teams mit Infos versorgt. So kann er die Aufgaben gut koordinieren. Die Arbeit der Gruppe kann einen Streit verhindern.

3 erledigt ☐ kontrolliert ☐

- Nach dem Doppelpunkt schreibt man klein, wenn kein ganzer Satz folgt. Schreibe richtig.

  a) Das waren die Folgen: (K/k) *k*eine Nahrung, Hunger, Tod.
  b) Das war keine Lösung: (S/s) *S*ie bekamen Streit.
  c) Das hätten sie nicht erwartet: (A/a) *A*lle Glieder starben ab.
  d) Die waren am Irrtum beteiligt: (D/d) *d*ie Hand, die anderen Glieder.

4 erledigt ☐ kontrolliert ☐

- Unterstreiche den 3. Fall (Dativ) rot und den 4. Fall (Akkusativ) blau in jedem Satz.

  a) Die Körperglieder fingen mit *dem Magen Streit* an. *(Dativ)*
  b) Die Hand verweigerte *dem Magen die Ernährung*. *(Dativ)*
  c) Das Gehirn wollte *die anderen Körperteile* befehligen. *(Akkusativ)*
  d) Durch Absprachen hätten sie *den Streit* verhindern können. *(Akkusativ)*

5 erledigt ☐ kontrolliert ☐

- Ordne den Augen, Mund und Händen Beschreibungen zu, die zu dem Gefühl passen.

	Augen	Mund	Hände
Angst	erstarrt	offen	zitternd
Freude	*glänzend*	*lächelnd*	*hochgerissen*
Mut	*strahlend*	*verbissen*	*Kampfstellung*
Trauer	*traurig*	*versteinert*	*gefaltet*
Stolz	*strahlend*	*lächelnd*	*Fäuste*
Krankheit	*trübe*	*zähneknirschend*	*verkrampft*

Lösung: ⊙ Wochenplan: Der Hase und die Frösche

1 erledigt ☐ kontrolliert ☐

- Setze die passenden Wörter in den Lückentext ein.

  unglücklich – Aufregung – Angst – Augen – ständig – ängstlich – Teiches – Frösche – fürchten – Held

2 erledigt ☐ kontrolliert ☐

- Stimmt die Behauptung? Schreibe deine Meinung.

  Individuelle Lösung.

  Der ängstliche Mensch ist immer angespannt, ob er nicht etwas Unangenehmes erfährt oder ihm jemand oder etwas schaden will.

3 erledigt ☐ kontrolliert ☐

- Setze die passenden Doppelkonsonanten in die Wörter aus dem Text ein.

  immer / offen / muss / denn / misstrauisch /

  Schatten / alles / Brummen / rannte / alle /

  Wasser / zittern

4 erledigt ☐ kontrolliert ☐

- Setze den richtigen Artikel und die richtige Endung des Nomens ein.

Fall	männlich	weiblich	sächlich
Nominativ: 1.Fall	der Hase	die Hasenfrau	das Wasser
Genitiv: 2.Fall	*des Hasen*	*der Hasenfrau*	*des Wassers*
Dativ: 3.Fall	*dem Hasen*	*der Hasenfrau*	*dem Wasser*
Akkusativ: 4.Fall	*den Hasen*	*die Hasenfrau*	*das Wasser*

5 erledigt ☐ kontrolliert ☐

- Schreibe ein Akrostichon zu dem Text.

A ufgeregt wegen ständiger Angst
U nglücklich, wer ängstlich ist
F eigling findet immer noch größeren Feigling
R ein keine Idee, wie er etwas ändern soll
E inige Frösche springen ins Wasser
G laubt, er sei jetzt ein Held
U eberlegungen des Hasen haben nicht geholfen
N ichts erschreckte ihn schon
G laubt, dass Frösche vor ihm Angst haben

Lösung: ! Wochenplan: Der Hase und die Frösche

1 erledigt ☐ kontrolliert ☐

- Setze die passenden Wörter in den Lückentext ein.

  unglücklich – Aufregung – Angst – Augen – ständig – ängstlich – Teiches – Frösche – fürchten – Held

2 erledigt ☐ kontrolliert ☐

- Hattest du schon einmal vor einer Sache Angst? Beschreibe.

  Individuelle Lösung

- Kennst du jemanden, der genau vor dieser Sache noch mehr Angst hatte? Beschreibe.

  Individuelle Lösung

3 erledigt ☐ kontrolliert ☐

- Hier ist ein Satz aus dem Text versteckt. Finde ihn.

  SOFGTRMNB**SOFORT**LKIHGDFVCSJZ**SPRANG**HGVFRTZEWNBLKIF**ER**
  HUTDRFWERT**AUF**JHFBVCDZH**UND**MJKUZTREFDRKCVB **RANNTE**N
  BHKEFDVYKIUZT**DAVON**BGMNVBHLKEBHDBXVCNH

4 erledigt ☐ kontrolliert ☐

- Setze die Verben in die 4 Zeiten.

Präsens	Perfekt	Präteritum	Futur
ich gebe	ich habe gegeben	ich gab	ich werde geben
ich grüble	*ich habe gegrübelt*	*ich grübelte*	*ich werde grübeln*
ich denke	*ich habe gedacht*	*ich dachte*	*ich werde denken*
ich schlafe	*ich habe geschlafen*	*ich schlief*	*ich werde schlafen*
ich sage	*ich habe gesagt*	*ich sagte*	*ich werde sagen*
ich höre	*ich habe gehört*	*ich hörte*	*ich werde hören*
ich hetze	*ich bin gehetzt*	*ich hetzte*	*ich werde hetzen*

5 erledigt ☐ kontrolliert ☐

- Der Limerick ist eine fünfzeilige Gedichtform. Zeilen 1, 2 und 5 müssen sich im Reim entsprechen, ebenso die Zeilen 3 und 4.
- Schreibe zwei Limericks – möglichst zum Text. Schreibe ins Heft.

  Individuelle Lösung

Lösung: ✶ Wochenplan: Der Hase und die Frösche

1 erledigt ☐ kontrolliert ☐

- Setze die passenden Wörter in den Lückentext ein.

  unglücklich – Aufregung – Angst – Augen – ständig – ängstlich – Teiches – Frösche – fürchten – Held

2 erledigt ☐ kontrolliert ☐

- Schreibe eine Wegwerfgeschichte zu dem Text.

  Beispiel für eine Wegwerfgeschichte:

  Der Hase war in ständiger Angst. Er wollte die Frösche am Teich um Rat fragen. Als er am Ufer war, hörte er ein Brummen. Vor Angst kroch er unter die Schar Frösche. Die erschreckten sich und zogen den Hasen mit ins Wasser. Mist, dachte der Hase, wegen meiner Angst wäre ich fast ertrunken!

3 erledigt ☐ kontrolliert ☐

- Verben können in der Grundform zu Nomen werden und werden dann groß geschrieben. Ob sie groß geschrieben werden, erkennst du am Artikel davor.

  Beispiel: Das Brummen erschreckte den Hasen

  Entscheide, ob Groß- oder Kleinschreibung. Schreibe ins Heft.

  a) Das *Grübeln* des Hasen brachte nichts.
  b) Die Frösche begannen zu *rennen*.
  c) Das *Aufspringen* des Hasen verscheuchte die Frösche.
  d) Das *Aufscheuchen* der Frösche war unnötig.

4 erledigt ☐ kontrolliert ☐

- Mit den Konjunktionen: *und, sondern, weil, nachdem* verbindet man Sätze und Satzteile.
- Verbinde die Sätze und Satzteile durch Konjunktionen. Schreibe ins Heft.

  a) Der Hase hat keinen Mut sondern Angst.
  b) Der Hase rennt in Panik weg, nachdem er ein Brummen gehört hatte.
  c) Der Hase grübelt auf seinem Lager, weil er die Angst satt hatte.
  d) Der Hase ist ängstlich und schreckhaft.

5 erledigt ☐ kontrolliert ☐

- Setze deine Fantasie ein und finde andere Wörter wie im Beispiel.

Dogma	Hundemutter	Abführmittel	*Handschellen*
Erdgeschoss	*Dreckschleuder*	Anja An? Ja!	*Gerät ist an*
Eintagsfliege	*Wegwerf-krawatte*	Geländer	
Fassade Fass adé	*Diät*	Ballade Ball adé	*Ball ist weg*

Sonne und Wind

1 erledigt ☐ kontrolliert ☐

- Löse die Aufgabe unter der Fabel.

  Der Mann will die Batterie seines Autos aufladen. Er klemmt die Kabel dafür an die Sonne an.

  Das Baby wird wie die Wäsche auf die Leine gehängt, damit die Sonne es trocknet.

2 erledigt ☐ kontrolliert ☐

- Schreibe ein Elfchen zu der Fabel. Ein Elfchen besteht aus 11 Wörtern: 1. Zeile = 1 Wort, 2. Zeile = 2 Wörter, 3. Zeile = 3 Wörter, 4. Zeile = 4 Wörter, 5. Zeile = 1 Wort.

  Beispiel:

  Wettstreit
  zwischen beiden
  Sonne und Wind
  wer der Stärkere sei
  Sonne!

  Individuelle Lösung

3 erledigt ☐ kontrolliert ☐

- An diesen Endungen erkennst du ein Nomen: -ung, -heit, -keit, -schaft, -tum, -nis, -sal, -ling, -chen, -sel. Dann weist du, dass das Wort groß geschrieben werden muss.
- Suche zu jeder Endung ein Nomen.

  a) Heilung **b)** Gesundheit **c)** Heiterkeit **d)** Wanderschaft **e)** Altertum **f)** Finsternis **g)** Trübsal **h)** Fremdling **i)** Kleinchen **j)** Überbleibsel

4 erledigt ☐ kontrolliert ☐

- Bei Vergleichen verwendet man als oder wie. Ist etwas gleich, dann benutzt man wie. Ist etwas ungleich, dann benutzt man als.
- Setze als oder wie ein.

  Der Wind blies stärker (als/wie) *als* vorher. Er wollte mindestens so stark (als/wie) *wie* die Sonne sein. Natürlich wollte er stärker (als/wie) *als* die Sonne und Sieger sein. Die Sonne hielt sich für weicher (als/wie) *als* der Wind, aber auch für stärker (als/wie) *als* er. Der Wind blies so stark (als/wie) *wie* ein Sturm. Die Sonne strahlte weich (als/wie) *wie* Samt.

5 erledigt ☐ kontrolliert ☐

- Was ist mit den Sätzen los? Schreibe ins Heft/in den Ordner.

  a) Das Wort fort kann man nicht steigern.
  b) Verkehrter Bezug: Der Wanderer hatte neben dem Baum Platz genommen
  c) Das Hemd kann nicht am Gaumen, sondern nur am Körper oder auf der Haut kleben.
  d) Die Sonne ist sicher ein Kreis. Aber es gibt kein rundes Quadrat. Ein Quadrat ist ein Viereck.

Lösung: ! Wochenplan: Wettstreit zwischen Sonne und Wind

1 (erledigt ☐ kontrolliert ☐)

- Löse die Aufgabe unter der Fabel.

  Der Mann will die Batterie seines Autos aufladen. Er klemmt die Kabel dafür an die Sonne an.

  Das Baby wird wie die Wäsche auf die Leine gehängt, damit die Sonne es trocknet.

2 (erledigt ☐ kontrolliert ☐)

- Suche Wörter aus dem Text. Wie heißt das Lösungswort?

1	HIMMEL
2	STRAHLEN
3	REGELN
4	WETTSTREIT
5	MILDE
6	SONNE
7	SENKRECHT
8	REIHE
9	SCHATTEN
10	LUFT
11	WANDERER
12	REGEN

Lösungswort: *Hagelschauer*

3 (erledigt ☐ kontrolliert ☐)

- wahr oder war? Fülle die Lücken.

  Ist es *wahr*, dass eine *Wahr*sagerin die *Wahr*heit über den Ausgang des Wettstreits gesagt hat? Die Sonne *war wahr*haftig der Sieger. Das *war wahr*scheinlich großes Glück. Das *war* jetzt die reine *Wahr*heit.

4 (erledigt ☐ kontrolliert ☐)

- Wie heißt der Genitiv (2.Fall)? Schreibe ins Heft.

  des Windes – des Regens – der Sonne – des Hagelschauers – der Kraft – des Wettstreits – der Regel – des Wanderers – des Baumes – des Sieges

5 (erledigt ☐ kontrolliert ☐)

- Schreibe ein Haiku zum Text der Fabel.
  5 Silben, 7 Silben, 5 Silben

  Beispiel:

  Sonne gegen Wind
  Wettstreit zum Kräftemessen
  Sonne wird Sieger

  Individuelle Lösung

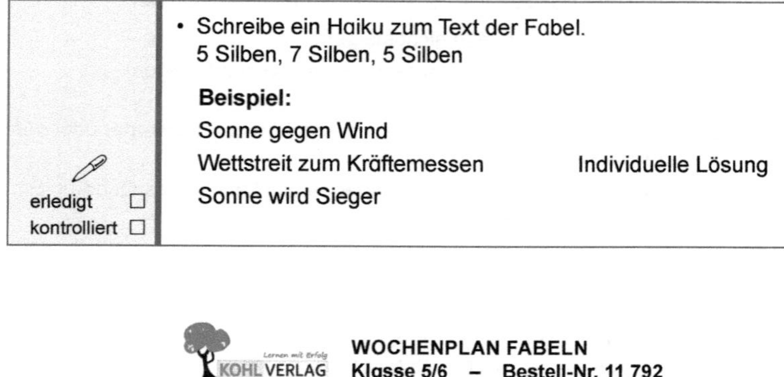

Lösung: ✶ Wochenplan: Wettstreit zwischen Sonne und Wind

1 (erledigt ☐ kontrolliert ☐)

- Löse die Aufgabe unter der Fabel.

  Der Mann will die Batterie seines Autos aufladen. Er klemmt die Kabel dafür an die Sonne an.

  Das Baby wird wie die Wäsche auf die Leine gehängt, damit die Sonne es trocknet.

2 + 3 (erledigt ☐ kontrolliert ☐)

- Lies das Gedicht von Johann Gottfried von Herder (1744 - 1803).

  Wind und Sonne machten Wette,
  Wer die meisten Kräfte hätte,
  Einen armen Wandersmann
  Seiner Kleider zu berauben.

  Wind begann;
  Doch sein Schnauben
  Tat ihm nichts; der Wandersmann
  Zog den Mantel dichter an.

  Wind verzweifelt nun und ruht;
  Und ein lieber Sonnenschein
  Füllt mit holder, sanfter Gluth
  Wanderers Gebein.

  Hüllt er nun sich tiefer ein?
  Nein!
  Ab wirft er nun sein Gewand,
  Und die Sonne überwand.

  Übermacht, Vernunftgewalt
  Macht und lässt uns kalt;
  Warme Christusliebe –
  Wer, der kalt ihr bliebe?"

  *

  Gefällt dir der Fabeltext oder das Gedicht besser? Begründe.

  Individuelle Lösung

- Gleiche Reimpaare bezeichnet man mit gleichen Buchstaben z.B. sehen a gehen a oder leben b beben b. Das nennt man Reimschema.
- Schreibe das Reimschema hinter jede Zeile des Gedichts

  a-a-b-c-b-c-d-d-e-f-e-f-g-g-h-h-i-i-j-j

4 (erledigt ☐ kontrolliert ☐)

- Schreibe den Text richtig ins Heft.

  Die Sonne und der Wind suchten Regeln für einen Wettstreit, als sie einen Wanderer vor sich sahen. Wer es schaffte, dem Wanderer durch die eigene Kraft die Jacke auszuziehen, sollte der Sieger sein. Die Sonne gewann den Wettstreit.

5 (erledigt ☐ kontrolliert ☐)

- Setze den richtigen Begriff ein: rührend / gerührt / rührig.

  Es war *rührend*, dass der Wind der Sonne zum Sieg gratulierte.

  Die Sonne war auch sehr *gerührt* darüber. Der Wind war sehr *rührig* bei dem Versuch zu gewinnen. Er war traurig, dass er verloren hatte, aber die Sonne kümmerte sich *rührend* darum, ihn aufzuheitern.

...rundlagen

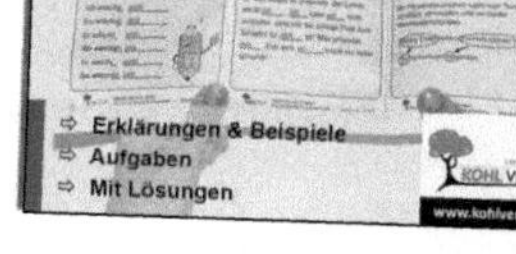

...abine Hauke

...äglich Deutsch üben! RS & Grammatik

...eder Flyer ist übersichtlich gestaltet und behandelt ein ...estimmtes Thema kurz & knackig:
- **Vorderseite:** Erklärungen
- **Innenteil:** Beispiele und Aufgaben
- **Rückseite:** Lösungen zur Selbst-/Partnerkontrolle

48 Seiten	12 552	ab 12,49 €	FÖ	5 6

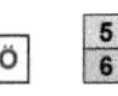

...irgit Brandenburg

...eit für Deutsch

...hemenorientierte Übungen unter Einsatz abwechslungsreicher Me...oden und spielerischer Elemente trainieren die Lernbereiche Lesen, ...echtschreibung, Grammatik, Schreiben und Hören. Die Auswahl der ...hemen berücksichtigen die Lebenswelt und Interessen der Kinder.

Klasse 5/6	11 931	
Klasse 7/8	11 994	je 80 Seiten
Klasse 9/10	12 114	ab 15,99 €

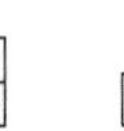

...lisabeth Höhn

...it in Deutsch Vertiefung & Festigung

...rundlagen: Material für Quiz und Wettbewerb, Aufsatzthemen, ...eistungstests etc.. Journalistische Texte, private und berufliche ...riefe, Diskussionen und Referate, Erörterungen und Recht...chreibübungen sowie Bewerbungen u.v.m.

...iteraturgattungen: Besonders beliebte Literaturgattungen. Zahl...eiche Abbildungen & Beispiele verdeutlichen den Unterrichts...toff. Am Ende der Texte befinden sich Kurzbiogra...hien der bekanntesten Dichter und Schriftsteller.

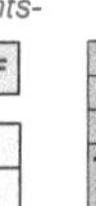

148 S.	Grundlagen	11 487	ab 23,49 €
116 S.	Literaturgattungen	11 488	ab 17,49 €

...ipl. Päd. Reinhold Zinterhof & Tim Schrödel

...ildungsstandard Deutsch

...Was 12/14-Jährige wissen und können sollten!

...ahlreiche Tests zu den Bereichen Lesekompetenz, Schreiben, Recht...chreibung und Sprachbetrachtung. Wo weisen die Schüler Defizite ...uf, wo muss gezielt gefördert werden?

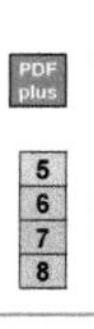

Deutsch	48 S.	Klasse 6	10 961	ab 11,99 €
	48 S.	Klasse 8	10 741	ab 11,99 €
Lesen	52 S.	Klasse 6	10 962	ab 11,99 €
	64 S.	Klasse 8	10 833	ab 13,49 €

...aniela Feurer

...reuzworträtsel Deutsch Wortschatzerweiterung

...omen-, Adjektiv- & Verben-Wortschatztraining für zwischendurch. Die Schü...r hören/lesen einen umschriebenen Begriff und suchen das Lösungswort. ...orlagen mit erhöhtem Schwierigkeitsgrad fordern schnelle Schüler.

64 Seiten	11 410	ab 14,99 €	5 6

...extarbeit & Schriftsprache

...riedhelm Heitmann & Ulrike Stolz

...ohls Lesetagebuch ... für alle Bücher

...in Lesetagebuch, das Vorlagen bietet – egal, welches Buch Sie mit Ihrer ...lasse bearbeiten. Das Material regt die Klasse zur intensiven Betrachtung ...er Zusammenhänge, Hintergründe und Kernaussagen an. Arbeits...lätter, Info-Blätter und Lernspiele sind nur einige der Themen.

56 Seiten	11 523	ab 13,49 €	5 6 7 8 9 10

...lexandra Berger

...edewendungen, Sprichwörter & Co

...ie Redewendungen in den alltagsnahen Texten sind unvollständig, die feh...nden Wörter werden eingefügt. Zusätzlich kann die historische Herleitung ...ach Belieben mit einbezogen oder ausgebaut werden.

48 Seiten	10 992	ab 13,49 €	5

Christiane Vatter-Wittl & Jochen Vatter

Lückenfüller Deutsch

Aufgaben für flotte Schüler

Manche sind mit ihren Aufgaben schneller fertig, andere haben Lehrstofflücken oder machen gerne zu Hause zusätzliche Arbeiten. Oft sind Aufgaben für die Ferien oder das Wochenende angebracht. Hier punkten die Lückenfüller! Der Einsatz in Lern- oder Übungstheken, in Lernzirkeln oder zur Differenzierung ist ebenfalls möglich. Eine tolle Aufgabensammlung, die Ihren Unterricht bereichern wird!

BF PDF plus — 5 6 7 8 9 10

64 S.	Klasse 5	12 458	ab 14,99 €
64 S.	Klasse 6	12 459	ab 14,49 €
68 S.	Klasse 7	12 727	ab 15,99 €
76 S.	Klasse 8	12 728	ab 16,49 €
72 S.	Klasse 9/10	12 998	ab 15,99 €

Klasse: 5 | 6 | 7 | 8 | 9 | 10 | 11-13

Deutsch

Wolfgang Wertenbroch

99x Deutsch Die Freiarbeitstheke

Eine Vielzahl an Aufgaben rund um deutsche Schriftsprache, Rechtschreibung, sinnerfassendes Lesen und Textverstehen. Die einzelnen Teilbereiche sowie Lehr- und Lernziele werden intensiv bearbeitet. Interessante Aufgaben werden gestellt, die den Schülern grundlegende Kompetenzen abverlangen. Hier wird z.B. Partnerarbeit, Kommunikations- und Anpassungsfähigkeit trainiert und verbessert.

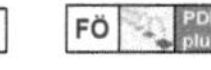

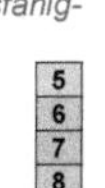

112 Seiten	11 178	ab 21,49 €	FÖ PDF plus	5 6 7 8

Friedhelm Heitmann

Allgemeinwissen fördern - DEUTSCH

Grundkenntnisse in kleinen Portionen vermitteln

Vermittlung, Festigung und Überprüfung elementarer, grundlegender Deutschkenntnisse anhand von allgemeinbildenden Texten mit entsprechenden Übungen zu Rechtschreibung, Zeichensetzung und Grammatik sowie den diversen Textarten, literarischen Werken und Fremdwörtern. Dieses Kompaktwerk eignet sich auch bestens zur Prüfungsvorbereitung.

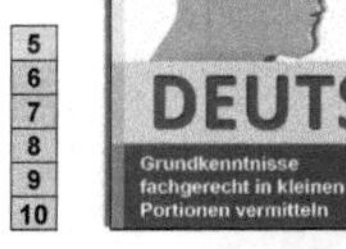

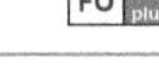

112 Seiten	12 163	ab 20,99 €	FÖ PDF plus	5 6 7 8 9 10

Friedhelm Heitmann & Billur Shirazi

Einfach DEUTSCH Elementares Wissen leicht erklärt

Die ansprechend gestaltenten und motivierenden Kopiervorlagen in diesem neuen Band unterstützen den Lernerfolg und stärken das Selbstvertrauen. Die Arbeitsblätter enthalten zahlreiche abwechslungsreiche Aufgabenstellungen, die zusätzlich auch in Vertretungsstunden oder als Zusatzmaterial zum selbstständigen Arbeiten in der Freiarbeit geeignet sind. Ob Grammatik, Rechtschreibung oder Lesetraining – diese Themen und noch vieles mehr umfasst das Arbeitsheft. Der Spaß kommt nicht zu kurz, garantiert!

76 Seiten	12 808	ab 16,49 €	FÖ PDF plus	5 6 7 8 9 10

Hrsg. Kohl-Redaktionsteam

Logikrätsel Deutsch Training des logischen Denkens

*Anhand **30 Logikrätseln** beschäftigen sich die Schüler mit wichtigen Inhalten und wiederholen und festigen, ohne sich dessen wirklich bewusst zu sein. Logikrätsel sind ein ideales Training für den Kopf, erhöhen die Konzentration und machen Spaß!*

40 Seiten	11 086	ab 12,49 €	BF PDF plus	5 6

Hans-Peter Tiemann

Deutschreihe „... für Kids"

TIPP

Die beliebte Reihe „... für Kids" begeistert mit einem Feuerwerk guter Geschichten und kreativer Impulse. Wer spannende, humorvolle und zudem literarisch reizvolle Erzählungen sucht, wird bei diesen Titeln fündig werden. Jeder Band enthält zudem eine Textwerkstatt, die zahlreiche analytische und textproduktive Aufgaben bietet. Die Hauptfiguren der Erzählungen sind Zehn- bis Zwölfjährige, deren turbulente Gefühls- und Erlebniswelten altersgemäß geschildert werden. Die Reihe wird auf motivierende Weise dabei helfen, die Kompetenzerwartungen an kindliches Textverständnis und an kindliche Gestaltungsfertigkeiten im Umgang mit Literatur gemäß curricularer Vorgaben zu erfüllen.

56 S.	Krimis für Kids	11 033	ab 14,49 €
52 S.	MEHR Krimis für Kids (Band 2)	12 312	ab 13,49 €
52 S.	Gruselgeschichten für Kids	11 158	ab 14,49 €
52 S.	MEHR Gruselgeschichten für Kids (Band 2)	12 311	ab 14,49 €
56 S.	Tiergeschichten für Kids	12 643	ab 14,49 €
60 S.	Fantasy-Geschichten für Kids	12 644	ab 14,99 €
60 S.	Detektiv-Geschichten für Kids	12 645	ab 14,99 €
60 S.	Inselgeschichten für Kids	12 646	ab 14,99 €

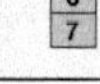

Ausführliche Infos auch auf der Katalogseite 92!

Waldemar Mandzel

Redewendungen als Schreibanlass

Bildhaft dargestellte Redewendungen

Jeder kennt sie, jeder benutzt sie, die Sprache ist von Redewendungen. Im täglichen Leben benutzt man sie, um spezielle Gefühle, Zustände oder auch Missstände treffend auszudrücken, ohne jemanden vor den Kopf zu stoßen. Damit auch Schüler diese Art der Kommunikation und Ausdrucksweise benutzen können, müssen sie diese verstehen und lernen, sie im Kontext richtig anzuwenden, sowohl in Texten als auch in Dialogen. In diesem Band werden die bekanntesten als auch weniger bekannten aufgegriffen, bildhaft dargestellt und dienen so als Schreibanlass für die Schüler.

32 S.	12 915	ab 11,99 €

5 6 7

Gabriela Rosenwald

Grimms Märchen an Stationen

Märchen der Brüder Grimm führen in eine übernatürlich wunderbare Welt und regen so die Fantasie an. Je nach Leistungsvermögen können die Schüler verschiedene Aufgaben zu den 13 verschiedenen Märchen erarbeiten. Dazu erfahren sie auch etwas über das Leben von Jacob und Wilhelm Grimm und über die Deutsche Märchenstraße. Genauso werden der Aufbau von Märchen, Märchenzahlen, Märchenwörtern und Märchenfiguren besprochen. Sie lernen ebenfalls, ein eigenes Märchen zu schreiben. Viele Aufgaben lassen sich mühelos auch auf andere Märchen übertragen, zum Beispiel Comic schreiben, Personenbeschreibung und Inhaltsangabe.

64 S.	12 393	ab 14,99 €

5 6

Gabriela Rosenwald

Andersens Märchen an Stationen

Wer kennt sie nicht, „Die Kleine Meerjungfrau", „Däumelinchen" oder „Prinzessin auf der Erbse"? Doch Hans Christian Andersen hat einige Märchen mehr geschrieben, über 150 insgesamt. Hier werden 13 von ihnen vorgestellt. Das Besondere am Stationenlernen ist, dass die Kinder sich bewegen können, den jeweiligen Lernstoff in dem vorgegebenen Rahmen auswählen können und mit anderen Mitschülern z. B. im Rollenspiel zusammen lernen und so neue Erfahrungen machen können. Fragen zu den einzelnen Texten und Rätsel helfen ihnen dabei, den Märchenaufbau zu erfassen.

64 S.	12 914	ab 14,99 €

5 6

M. Ries, S. Hauke, B. Brandenburg & Autorenteam Kohl-Verlag

Wochenplan Märchen, Fabeln, Sagen

Jede Woche in fünf Einheiten

Jeder Wochenplan ist in drei Niveaustufen ausgearbeitet. So arbeiten alle Schüler differenziert an einem Lernthema, und das jeweils entsprechend ihrem Leistungsvermögen.

Märchen	11 656	je 64 Seiten
Fabeln	11 792	
Sagen	11 657	ab 14,99 €

 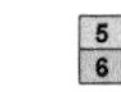

5 6

Gary M. Forester

Märchen- & Fabelstunde

***Märchenstunde:** 12 bekannte Märchen werden mit Bildern und Texten in zwei Sternen dargestellt. Durch Anlegen der Bilder ergibt sich der Text.*

***Fabelstunde:** Mit Bildern und den dazugehörigen Texten werden 12 bekannte Fabeln in zwei Sternen gelegt. Neben Fabeln von James Thurber, Gotthold Ephraim Lessing u.a. werden 6 Fabeln von Aesop wie z.B. „Die zwei Frösche im Milchtopf" kennen gelernt.*

FARBIG

Märchenstunde	15 011	je 40 Seiten
Fabelstunde	15 018	ab 17,49 €

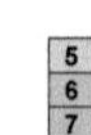

5 6 7

Michael Freund

FABELN Seltene & unbekannte Fabeln kreativ entdecken

In diesem Band finden sich neben älteren Stücken, die teils Jahrhunderte alt sind, auch unveröffentlichte Fabeln. Die große Auswahl an Fabeln ermöglicht eine adressatengerechte Aufbereitung im Unterricht, sodass gewiss keine Langeweile aufkommt. Abgerundet wird dieses Werk durch eine Fabelwerkstatt, die zum kreativ-produktiven Schreiben anregt, durch ein Portfolio, das selbstorganisiertes Lernen fordert und fördert sowie umfangreichen Anregungen zur Projektarbeit, die kollaboratives Arbeiten begünstigen.

40 Seiten	12 600	ab 12,49 €

5 6 7

Hans-Peter Tiemann

Highlights DEUTSCH

Geschichten, Szenen und Gedichte werden auf „ungewöhnliche We se" präsentiert und erarbeitet. Sämtliche Highlights enthalten Verlaufs planung, Kompetenzraster, Akzente und Materialvorlagen zur Durch führung einzelner Stunden. Dazu gibt es Alternativen, Verweise a Kontexte und Ideen zur Reihenplanung. Die Audiofiles mit Sounds un Erzählanfängen sind ergänzende Requisiten im Komplettpaket Literatu runterricht der Klasse 5/6.

56 Seiten	12 724	ab 13,49 €

5 6

Dr. Elisabeth Höhn

Fit in Deutsch – Literaturgattungen

Wer die literarischen Formen kennt, hat mehr vom Lesen. Gedichte brin gen Rhythmus in den Unterricht. Aus der Vielfalt der Literaturgattunge wurden diejenigen ausgewählt, die man im Unterricht gerne liest un durchdenkt. Abbildungen und interessante Beispiele verdeutlichen de Unterrichtsstoff. Am Ende der Texte wie u.a. Anekdoten, Fabeln, Nove len, Parabeln, Balladen, Kurzgeschichten, Satiren, Dramen, Sketchen und Gedichten befinden sich Kurzbiographien der bekanntesten Dichter und Schriftsteller.

116 Seiten	11 488	ab 17,49 €

8 9 10 11 13

Waltraud Rasch

Grimms Märchen ... lesen, spielen, bearbeiten

Märchen in Szenen, als Lesegeschichten oder als Theaterstücke. M meth.-didakt. Hinweisen zu Spielszenen, Requisiten, Bühnenbild Schauspieleranzahl für die Aufführung sowie konkrete Umsetzungsideen

***Band 1**: Dornröschen, Rotkäppchen, Frau Holle, Rapunzel, Brüderchen un Schwesterchen, Der Teufel mit den drei goldenen Haaren*

***Band 2**: Hänsel & Gretel, Der Wolf und die 7 Geislein, Schneewittchen Schneeweißchen und Rosenrot, Rumpelstilzchen, Tischlein deck dich*

Band 1	12 022	je 120 Seiten
Band 2	12 127	ab 22,49 €

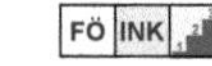

5 6 7

Friedhelm Heitmann

Lernwerkstatt Märchen, Fabeln & Sagen

Textverständnis & kreatives Schreiben

*Die Arbeitsblätter inspirieren zum **kreativen Schreiben** und zum Um gang mit **Fantasie**. Die einzelnen Aufgaben gehen neben den ve kürzten Inhalten der Märchen, Fabeln & Sagen auch auf **Textverstänc nis** und **Sinn** ein. Zusätzlich lockern **Spiele** den Unterricht auf. **Ei abschließender Wissenstest reflektiert und festigt das Gelernte!***

68 Seiten	10 857	ab 15,99 €

5 6 7

Ulrike Stolz

Grimms Hörwerkstatt

Beliebte Märchen zum Hören und Lernen

Märchen zum Hören – diese Hörwerkstatt mit erzählten, gelesenen ode gespielten Märchen, die zusätzlich jede Menge Arbeitsblätter und Idee zur Umsetzung enthält, ist etwas Besonderes! Es wird gehört, verstar den, gelesen, gebas-telt, gemalt, erfunden, erzählt, besprochen, form liert. So bekommen Grimms schöne alte Märchen ganz schnell frische Schwung! Deutschunterricht, der richtig Freude bereitet!

56 Seiten	11 443	ab 17,49 €

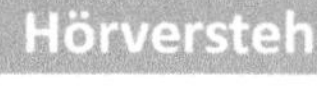

5 6

Hörverstehen

Ohren auf! Hörverstehen trainieren

*„Ohren auf!" ... **denn Hören und Zuhören sind Grund-voraus setzungen fürs Lernen!** Die Kinder lernen durch den Einsat der Audiofiles aktives Hören. So werden das Verstehen fremde Texte von unterschiedlichen Sprechern und das Achten auf ver schiedene Geräusche auf vielfältige Art und Weise geübt. Di Materialien sind durchgängig einfach strukturiert und kindgerech gestaltet, die Aufgaben klar und einfach formuliert.*

Klasse 5/6	11 165	72/80 Seiten
Klasse 7-9	11 166	ab 25,99 €

5 6 7 8 9

Hör mal! Hörverstehen trainieren

Das Hörverstehen wird am Beispiel realitätsnaher Situationen tra niert: Die Kinder hören Informationssendungen, Reportagen, Inte views, Lieder, literarische Texte ... sie nehmen an Gesprächen un Diskussionen teil und sie lösen Aufgaben zu den vielfältigen Tor dokumenten. Sie verschaffen sich dabei allgemeine Informatione über ein Thema (globales Hören), filtern Wichtiges aus Unwichtiger heraus (selektives Hören) und handeln und reagieren auf geführ Anweisungen (detailliertes und geführtes Hören). Die Kopiervorla gen weisen unterschiedliche Schwierigkeitsgrade auf und erfordern verschiedene Sozialformen.

Klasse 5/6	11 350	96 / 100 S.
Klasse 7-9	11 351	ab 25,99 €

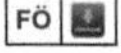

5 6 7 8 9